U0786175

商业模式创新丛书

基于竞争战略的商业模式创新理论及实证研究

Business Model Innovation Theory and Empirical Studies Based on Competition Strategy

张建新　著

科学出版社
北　京

内 容 简 介

商业模式创新问题是企业界、学术界甚至政府关心的热点问题之一，而如何将商业模式创新理论和传统竞争战略理论融合发展，形成基于竞争战略的商业模式创新理论体系却是更新的理论前沿问题。本书以商业模式理论中交易结构的概念为标准，首次提出了将竞争战略理论与商业模式理论进行匹配的思想，构建了基于竞争战略理论的商业模式创新理论体系，并选取了创业板 200 家上市公司资料作为样本，针对提出研究假设进行实证研究。

本书条理清晰、实例丰富，可为企业经营者提供商业模式设计和创新应用的工具，提升企业创新能力和经营绩效；为金融投资者提供甄选良好商业模式和优质企业价值的工具，提高投资效率；也可为有关政府机构出台引导企业商业模式创新政策，创造良好营商环境提供新的思路。

图书在版编目（CIP）数据

基于竞争战略的商业模式创新理论及实证研究 / 张建新著. —北京：科学出版社，2019.6

（商业模式创新丛书）

ISBN 978-7-03-061397-4

Ⅰ. ①基… Ⅱ. ①张… Ⅲ. ①企业竞争－竞争战略－商业模式－中国 Ⅳ. ①F279.213

中国版本图书馆 CIP 数据核字（2019）第 110663 号

责任编辑：马 跃 李 嘉 / 责任校对：王晓茜
责任印制：张 伟 / 封面设计：无极书装

科 学 出 版 社 出版
北京东黄城根北街 16 号
邮政编码：100717
http://www.sciencep.com
北京厚诚则铭印刷科技有限公司 印刷
科学出版社发行 各地新华书店经销
*
2019 年 6 月第 一 版 开本：720 × 1000 1/16
2022 年 2 月第四次印刷 印张：9 1/4
字数：183 000

定价：76.00 元

（如有印装质量问题，我社负责调换）

丛书编委会

主　编：汪寿阳

副主编：乔　晗　胡　毅

编　委：（按姓氏汉语拼音排序）

陈志武　冯耕中　高　闯　韩永生　李　东
柳建尧　柳卸林　吕本富　吕廷杰　罗　珉
申作军　苏敬勤　王迎军　王宗军　魏　炜
席酉民　严厚民　赵修利　郑大昭　朱桂龙
朱武祥

丛 书 序

我国的改革进行到今天，进一步深化改革要靠创新驱动。创新包括技术创新、管理创新和制度创新，对于企业而言，创新还包括商业模式（business model）创新。党的十八大报告提出实施创新驱动发展战略，其中重要一点是要加强商业模式创新。中国企业发展离不开商业模式和管理模式的变革与创新。企业是市场经济的细胞，是内在动力。我国经济健康发展的前提，就是必须有一批商业模式和管理模式卓越的企业作保障。

什么是商业模式？目前学术界和企业界还没有一个公认的定义。我曾举过一个简单的例子：有一个美国人参加亲属的殡葬处理，他发现殡仪公司利润高得惊人，于是他构思了一个商业网站，自销殡葬用品，既可赚钱，又可以让消费者减少支出。于是，他找到风险投资商，风险投资商说这个商业模式不成立，因为人们是不会上网买棺木的。于是他又再次谋划，构思了一个哀思网站。故人的亲友都可以上网站免费发帖子寄托哀思，这样也方便了远途的亲友，不必再千里迢迢赶去吊唁。网站收入的解决方法如下：由于网站的点击率高，所以网站可以让生产销售殡葬用品的公司发布广告，收取广告费作为利润来源。于是他再找到风险投资商，这个商业模式被风险投资商认可，于是新的企业创办成功。

商业模式与创新息息相关。每个成功的企业，其经营思路和商业模式不尽相同，但是随着市场环境、资金供应情况、竞争对手等一系列环境的变化，企业就必须采取一些措施，引入一些新的事物，包括新的产品、新的技术、新的组织方式、新的管理方式等，从而形成新的商业模式，造成有益的变化，使企业继续生存下去。

当今世界，新一轮科技和产业革命正在蓬勃兴起。大数据与云计算、物联网等新技术相结合一定会对传统的商业模式，甚至是个人的生活方式都会产生大的影响。如果我们不能积极应对，很可能就会落后。关于商业模式的研究，不仅仅是企业界关心的话题，而且是学术界，包括国际学术界的管理学科前沿方向。“商业模式创新丛书”旨在全面系统地归纳总结当前国内外商业模式研究的发展现状，形成一批优秀的商业模式创新研究案例，提出商业模式研究的新理论、新方法，帮助企业进行商业模式设计与重构，具有重大的理论意义和实践价值。期待“商业模式创新丛书”的出版能助力大众创业、万众创新，促进我国形成一大批商业模式创新上有所突破的创新型企业。

欧亚科学院院士
中国科学院大学管理学院院长　成思危
2015年春

序

在管理学界，自 2000 年以来，有关商业模式创新的问题就是企业界、学术界，甚至政府关心的热点问题之一，而如何将商业模式创新理论和传统竞争战略理论融合发展，形成基于竞争战略的商业模式创新理论体系则是研究领域的前沿问题。人们对这一问题产生兴趣的主要环境条件包括：通信及计算机技术的快速发展和推广应用，互联网经济的迅速崛起，经济全球化进程的深化，全球金融业的迅猛发展，政府大力推动和支持企业商业模式的创新等。此外，本研究的现实意义主要有：①为企业经营者提供商业模式设计和创新应用的工具，提升企业创新能力、经营绩效，建立可持续创造价值的商业模式创新管理体系；②引导政府站在企业商业模式创新角度，出台相关政策引导企业商业模式创新，为企业创新商业模式创造环境；③为金融投资者提供判断企业价值的工具，以便有效地甄选出具有良好商业模式的企业，提高投资效率。

本书根据经济学、管理学等有关理论，采用总结归纳法、案例分析法、比较分析法、实证研究、博弈论（game theory）等方法研究商业模式创新理论、创新类型、驱动因素、创新途径及竞争战略与商业模式匹配创新模型，提出基于竞争战略的商业模式创新理论，并选取了创业板 200 家上市公司资料作为样本，针对提出的研究假设进行实证研究。案例分析中，应用了博弈论设计相关模型，以此论证商业模式创新结果。

全书主要创新点和特色具体有以下几个方面：以商业模式理论中交易结构的概念为标准，针对现有商业模式进行重新分类，提出了平台型、整合型、聚焦型和全能型四种分类，有效地推广了商业模式理论的适用范围；基于分类理论，首次提出了将竞争战略理论与商业模式理论进行匹配的思想，构建了基于竞争战略理论的商业模式创新理论体系，具体阐述了理论含义、思想框架，并且提出了有关竞争战略与商业模式匹配创新的模型。针对影响商业模式创新的动力、创新路径、创新程度进行研究分析，并提出新的商业模式创新类型，分别从创新驱动要素角度，提出了成本驱动型和价值驱动型两类创新方式；从创新程度角度，提出了突破式、递进式和组合式三种创新方式。同时，设计博弈模型对案例进行分析，对所提出的理论假设进行实证研究。

包括导论和结束语在内，本书分为八章，主要内容和结论包括：

第 1 章导论部分中，介绍了研究的背景、目的与意义、主要内容、研究方法与技术路线、主要创新点与特点，为后续研究起到了纲举目张的作用。

第 2 章，对有关的商业模式理论、创新理论、竞争战略理论、制度经济学理论等进行了文献及理论综述，也为后续的研究做了理论铺垫。

第 3 章，对目前商业模式有关分类体系的文献进行了梳理，发现学术界目前没有统一的观点。针对此现象，首先，基于魏炜和朱武祥（2010）所提出的商业模式本质是利益相关者的交易结构这一理论，将交易结构确定为商业模式本质属性，并以此作为分类标准。其次，由于利益相关方都是市场主体，彼此之间的交易活动是基于价值链上活动而进行的，因此分别从价值链、价值活动环节和从事业务特点三个维度出发，提出了判断交易结构的拓扑结构分析表，并以此为工具，将企业商业模式划分为四种，分别为平台型商业模式、整合型商业模式、聚焦型商业模式和全能型商业模式，并对每种类型分别从内涵、构成要素特点、运营特点等进行了分析。在此，针对多产品服务类企业的商业模式进行了研究，分别针对多产品服务业务单元间存在并行关系且属于同类商业模式和存在协同关系且属于不同类商业模式的类型进行了区分，这样使理论更加具有推广价值和普适性。最后，创新地提出将边际成本这一经济学概念作为判断商业模式的工具之一，即平台型商业模式理论上边际成本会趋于零，因为其固定资产投资基本一次性投入，但是持续收回；如果不是边际成本趋于零的情况，则该类企业商业模式是整合型、聚焦型、全能型中的一种。第 3 章的研究，为第 4 章商业模式创新理论提出奠定了基础。

第 4 章，主要通过案例分析研究，论证上述提出的基于竞争战略的商业模式创新理论，首先从全球光伏行业中选取了七家具有代表性的企业，采用比较分析法对它们的商业模式创新进行研究。分别从目标企业的产业布局、竞争战略、商业模式类型、商业模式六要素四个角度对比分析，得出以下三方面结论：市场需求、战略、关键资源能力共同决定了商业模式创新方向；竞争战略、商业模式、六要素之间匹配性是影响绩效的重要因素；发现在商业模式创新中，在战略创新、商业模式创新与要素创新三者之间存在着强烈的联动机制，难以单独在某个层面开展创新，任何层面创新都需要其他层面创新的支持，所以为了推进商业模式创新应该有系统的观点，要从公司的战略着眼，并逐步向商业模式类型创新和各要素创新层面深化开展相关工作。上述比较研究中的有关研究结论为第 5 章提出基于竞争战略的商业模式创新理论研究奠定了基础。

第 5 章，针对第 4 章关于光伏企业商业模式比较研究结论，即企业战略对企业商业模式创新具有重要影响，进一步将竞争战略和商业模式创新理论相结合。从商业模式和竞争战略理论结合的必要性和可行性分析入手，提出企业商业模式创新的核心问题就在于企业如何实现价值创造及实现竞争战略目标。从必要性角度看，商业模式相对于竞争战略视角不但更为广阔、更加系统、更为动态，而且商业模式是竞争战略是否成功制定和实施的关键要素。同时，在部分竞争领域，竞争战略理论难以解释及指导实践。从可行性角度看，两者所解决的问题类同，目标一致，都具有价值链理论这一共同理论基础，商业模式对于竞争战略制定和实施具有有效作用，且竞争战略为商业模式创新提供了方向和依据。基于以上研究，本书提出了构建基于竞争战略的商业模式创新理论，并阐述了该理论的含义，提出该理论主要包括竞争战略、商业模式、匹配创新模型、六要素等内容，其中通过构建竞争战略-商业模式（CS-BM）匹配创新模型的思想，拟定了低成本平台型、低成本整合型、低成本聚焦型、低成本全能型、差异化平台型、差异化整合型、差异化聚焦型和差异化全能型八种匹配创新策略，并制定了竞争战略与商业模式匹配创新分析表，将每种匹配策略作为基准，分别从关键资源能力建设重点、经营特点、创新驱动因素、应用范围、发展趋势及相关企业案例角度进行了全方位分析和研究。在本章后续章节中，首先，研究了商业模式创新动力，提出了技术进步、竞争压力、市场需求变化和高层推动是主要创新动力。其次，针对商业模式创新途径，分别从商业模式要素创新视角、创新程度视角、基于价值链和价值网视角、基于战略视角进行了研究。再次，从创新驱动要素角度，提出了成本驱动型创新和价值驱动型创新方式；从创新程度角度，提出了突破型、递进型和组合型三种创新方式。最后，分别从以上两个角度出发，通过研究大量案例，提出了实现创新目标所需要的创新措施。

第 6 章，主要针对第 3 章、第 5 章提出来的理论进行实证研究。首先，根据需要验证的理论，提出了有关的八条验证假设，从竞争战略和商业模式角度选取了十四项企业指标，选取中国创业板上前 200 家上市公司作为样本，从中提取或计算相关数据、信息。其次，使用卡方检验方法对指标和分类进行检验，以考察假设的可行性，包括竞争战略-产品分类型检验、商业模式-主产品是否跨价值链检验、商业模式-产品是否涵盖多个价值活动环节检验、商业模式是否提供基础服务检验。通过检验，验证了所提出的理论假设的合理性。最后，建立了 Logit 模型，分别以竞争战略和商业模式为自变量进行检验，实证结果表明，模型的整体解释较好，在系数检验方面，两个模型中产业链因素和价值活动环节因素的参数非常显著。

第 7 章，从第 6 章的样本企业中重点选择了新特能源股份有限公司（以下简称新特能源）作为案例研究对象，研究了该公司在发展中通过实施低成本整合型商业模式开展创新，提升了价值创造能力，展现了该公司围绕实现低成本竞争战略而开展的 PC（采购施工）→EPC（设计采购施工）→EPC＋F（融资服务）→BT（先建设然后转让工程项目）→BT＋F→BOO（建设拥有运营项目）[①]这一系列的商业模式

① P 为 procurement（采购）的缩写；E 为 engineering（设计）的缩写；C 为 construction（施工）的缩写；F 为 finance（融资）的缩写；B 为 build（建设）的缩写；T 为 transfer（转让）的缩写；第一个 O 为 own（拥有）的缩写；第二个 O 为 operate（运营）的缩写。

创新工作，而其中所采取的商业模式创新路径和措施也都采用本书中所提到的理论进行了解释。本章进一步引入博弈论模型，论证了 BT 模式在利润创造方面优于 EPC 模式，也证明了商业模式创新对提升价值创造能力的有效作用。

第 8 章，对全书进行了总结，并反思了研究的不足之处，主要包括当前四类商业模式还难以对纷繁复杂的经营活动给予精确指导；有关案例研究深度和广度还不够；实证研究样本涵盖范围可以进一步扩大至全球相关的主要企业等。在研究展望中，提到了应该进一步探索研究商业模式与互联网之间深层次作用机理和关系；在理论研究方面，关注在大型的、多业务企业集团、多种商业模式情况下，如何推进商业模式创新；在实证方面，需要进一步探索商业模式创新同竞争优势、价值创造之间的关系研究；在案例研究领域，主要限于低成本战略主导下的商业模式创新，还可以考虑在差异化战略主导下的相关商业模式创新案例研究。

第三世界科学院院士
中国科学院大学管理学院院长　汪寿阳
2017 年春

目　录

第1章 导　论

近20年以来，快速发展的全球化经济趋势，层出不穷的技术创新，迅猛发展的互联网技术，全球游荡的资本，都在这个世界上不断地演绎着各种“神话”，为了生存和发展，企业不但要加强技术、管理、市场等创新，而且必须关注商业模式的创新，这是因为商业模式创新是提高竞争力的重要途径。与此同时，中国政府出台的多项政策之中，也多次提出将商业模式创新作为未来推进经济结构调整和经济增长方式转变的重要手段。因此，如何通过商业模式创新推动企业发展，促进经济增长，促使产业结构转型成了企业家践行、学者研究、政府呼吁推动的课题。可见，商业模式创新研究的兴起和时代背景的发展与变化密切相关。

1.1 研究背景

从经济领域出发，商业模式理论研究兴起的重要因素包括以下方面：随着通信技术的快速发展和推广应用，互联网经济迅速崛起；随着经济全球化进程的不断展开，全球性的宏观经济环境不确定性也显著增强；随着国内金融业改革的不断推进，金融业发展迅猛。

1.1.1 商业模式创新研究兴起的现实因素

1. 随着通信技术的快速发展和推广应用，互联网经济迅速崛起

伴随着近十余年互联网的迅速崛起，信息传播的速度变得越来越快，成本越来越低，借助于互联网提供的便利，全球原有专业化分工体系被剧烈改变，全球各地经济越来越深入地融合在一起，客户细分程度不断加深。近年来引起人们广泛热议的“双十一”消费狂欢节，就向人们充分展示了电子商务这种紧密依托互联网发展的经济形式的巨大能量。鉴于互联网经济发展的巨大空间，“互联网＋”的理念深入人心，致使非互联网行业的企业也需要考虑如何选择最适应互联网背景的商业模式，甚至创造新的商业模式，如外包业务、电子商务、社交网站、互联网金融、新型传媒、大数据、在线医疗、在线旅游等

迅猛发展。当前经济是由互联网催生出来的新型经济类型，也正是伴随着这种新经济，诞生了许多崭新的企业经营管理理念，促使人们对商业模式的关注和研究兴趣增多。

如果说互联网经济的迅速崛起是促发企业商业模式研究的内在动力，那么，全球性宏观经济不确定性的显著增强，便是迫使企业加强商业研究和创新的外在压力。

2. 随着经济全球化进程的不断展开，全球性的宏观经济环境不确定性也显著增强

与互联网经济的迅速崛起相关，经济全球化不断展开，极大地改变了企业的竞争环境，国际化对于众多企业发展而言必不可少，在此进程中，企业在获得广大国际市场和全球化资源便利的同时，也不可避免地作为全球经济体系中的一环，深受全球性经济波动的影响，企业面临的是全球性的竞争压力。随着企业国际化步伐的加快，各经济体之间出现摩擦的情况势必多发，同时存在各地经济发展不平衡、各国经济政策多样化等客观因素，所有这些因素都大大增加了全球宏观经济剧烈波动的程度。经济全球化、信息传播网络化、交易虚拟化等因素往往会削弱国家对国民经济的宏观调控能力，从而使企业发展面临的不确定性显著增强，一个直接的后果就是加剧了企业的竞争压力，企业应对环境变化的反应时间也大大缩短，如诺基亚手机、黑莓手机从鼎盛到衰落，仅仅花了三年左右的时间。总之，全球性的宏观经济环境不稳定性的显著增强，真实地迫使企业主动加强自身商业模式研究和改进，以便适应全球宏观经济环境的多变。

互联网经济的迅速崛起、经济全球化进程的不断展开，是促发商业模式研究兴起的重要内因和外因，而作为判断一个企业商业模式成败的显示器，金融业的迅猛发展，是推动商业模式研究的重要动力。

3. 中国政府大力倡导商业模式创新

当前中国经济进入了新常态发展阶段，中央政府总结出新常态的九大特征，其中提到“传统产业相对饱和，但基础设施互联互通和一些新技术、新产品、新业态、新商业模式的投资机会大量涌现”，因此，创新商业模式成为政府关注的重点，并且将商业模式创新作为推动中国经济转型升级的重要途径和工具，分别在相关会议和报告中多次提出。经查阅，中央政府在支持企业及新产业发展中都或多或少地提到了加快商业模式创新和发展新商业模式等内容。例如，在《国务院办公厅关于推进线上线下互动加快商贸流通创新发展转型升级的意见》（国办发

〔2015〕72号）中，政府专门提到了支持商业模式创新的意见，具体为："支持商业模式创新。包容和鼓励商业模式创新，释放商贸流通市场活力……鼓励实体商贸流通企业通过互联网强化各行业内、行业间分工合作，提升社会化协作水平"①。在《国务院办公厅关于促进农村电子商务加快发展的指导意见》（国办发〔2015〕78号）指导思想中，提到"深化农村流通体制改革，创新农村商业模式，培育和壮大农村电子商务市场主体，加强基础设施建设，完善政策环境"②。《国务院关于积极推进"互联网＋"行动的指导意见》（国办发〔2015〕40号）中，提到"发展大规模个性化定制。支持企业利用互联网采集并对接用户个性化需求，推进设计研发、生产制造和供应链管理等关键环节的柔性化改造，开展基于个性化产品的服务模式和商业模式创新"③。另外，2015年5月26日贵阳国际大数据产业博览会暨全球大数据时代贵阳峰会在贵阳开幕。国务院总理李克强向大会发来贺信，其中提到"推动各行各业依托大数据创新商业模式，实现融合发展，推动提升政府科学决策和管理水平，用新的思路和工具解决交通、医疗、教育等公共问题，助力大众创业、万众创新，促进中国经济保持中高速增长、迈向中高端水平"④。由此可见，政府已经将商业模式创新作为推动当前经济发展、经济结构调整和经济增长方式转变的重要途径。

4. 全球金融业发展迅猛

金融业决定着企业的血脉，世界经济史上，金融业的发展是经济发展的重要推动力。当今，以纳斯达克为推动力的金融业务快速发展，金融对企业发展的加速器作用日益强大，特别是证券市场作为判断和评估企业价值，并解决企业融资问题的关键环节，也是发挥资本市场加速器的关键，一个企业商业模式是否具有投资价值是众多投资人判断的重要标准，只有那些商业模式具有优势的企业方能成功融资，取得新的发展机遇，这直接诱发了企业家们必须要加强自身商业模式创新和构建，提升企业价值创造能力。因为只有通过商业模式所展现的那些具有竞争力、创造价值能力优势的企业才会成为广大社会投资者的关注焦点。

基于以上，本书认为上述多方面因素构成了促发商业模式创新研究的现实背

① 国务院办公厅. 2015. 国务院办公厅关于推进线上线下互动加快商贸流通创新发展转型升级的意见. 国办发〔2015〕72号. http://www.gov.cn/zhengce/content/2015-09/29/content_10204.htm

② 国务院办公厅. 国务院办公厅关于促进农村电子商务加快发展的指导意见. 国办发〔2015〕78号. http://www.gov.cn/zhengce/content/2015-11/09/content_10279.htm

③ 国务院. 国务院关于积极推进"互联网＋"行动的指导意见. 国发〔2015〕40号. http://www.gov.cn/zhengce/content/2015-07/04/content_10002.htm

④ 李克强：依托大数据创新商业模式助力大众创业万众创新. http://www.gov.cn/guowuyuan/2015-05/26/content_2869201.htm

景。商业模式创新研究作为企业管理理论的重要研究内容，也离不开其他相关管理理论的发展支撑。

1.1.2 商业模式创新研究兴起的理论背景

商业模式理论是在既有的理论体系基础上产生的，而该理论与经济学理论、管理理论之间，既存在区别，又存在一定联系，其中制度经济学、竞争战略理论、已有商业模式理论共同构成了进一步研究商业模式的理论基础。

1. 新制度经济学兴起

在众多管理学理论发展中，以科斯、威廉姆森、张五常为代表的新制度经济学学派，提出了交易成本理论，该理论认为，企业的出现本质上是对市场交易的替代，企业与市场之间存在某种均衡边界，在纯粹的市场和企业之间存在着多种交易形式，企业为了在市场竞争中获取竞争优势，在交易价格确定的前提下，必须要尽可能寻找交易成本更低的交易结构。在笔者看来，商业模式正是依托多种契约而构建的交易结构，如果交易成本过高，那么企业必定会由于效率低而被淘汰，由此新制度经济学的交易成本理论为商业模式的创新或演进提供了理论依据。

2. 竞争战略管理理论的发展

在 1980 年出版的《竞争战略》一书中，迈克尔·波特提出了用“五种竞争力量”分析产业环境的结构化方法。以此方法作为研究基石，他又提出了竞争战略的三种通用形式，即低成本领先战略、差异化战略和目标集聚战略。该战略理论研究开创了新的战略理论研究领域，不仅注意了竞争对手的反应，也从逻辑上提出了培育竞争优势的根本途径，他开创了竞争战略理论系统研究的先河。

1984 年，沃纳菲尔德提出了公司内部资源对公司获取并维持竞争优势的重要意义。他认为企业主要通过内部特殊的异质资源来形成有别于对手的竞争优势，从而获得有利的市场地位和超额利润。公司内部环境同外部环境相比，具有决定性的作用，企业内部的组织能力、资源和知识的积累是企业获得超额收益、保持竞争优势的关键。

20 世纪 80 年代末，加里·哈默尔和普拉哈拉德发表了《企业核心竞争力》，认为核心竞争力就是组织中的积累知识，特别是关于如何协调不同生产技能和有机结合多种技能的学识，而这种学识就是公司竞争优势的源泉。

上述企业竞争战略理论虽然各有侧重，但是都反映出通过整合企业内部组织、能力、资源和知识等，培养企业的独特内在竞争优势的重要性。而具体如何培养企业的独特竞争优势，恰恰是企业商业模式创新理论研究的重要内容之一。可以说，商业模式创新理论研究是对竞争战略理论的重要补充和完善。

3. 商业模式理论的发展

商业模式概念的初步提出始于1957年的学术论文里，这个概念真正走入公众和学界的视线始于20世纪90年代。据文献统计，有关“商业模式”的研究文献数量快速增长时期出现于1999年以后，并大量出现在《哈佛商业评论》等权威的经济管理类期刊中。在1999年之前，也仅有不到10次的引用，到2013年已经增长到1555次，可见商业模式研究在学术界的影响力持续增加，具体如图1.1所示。

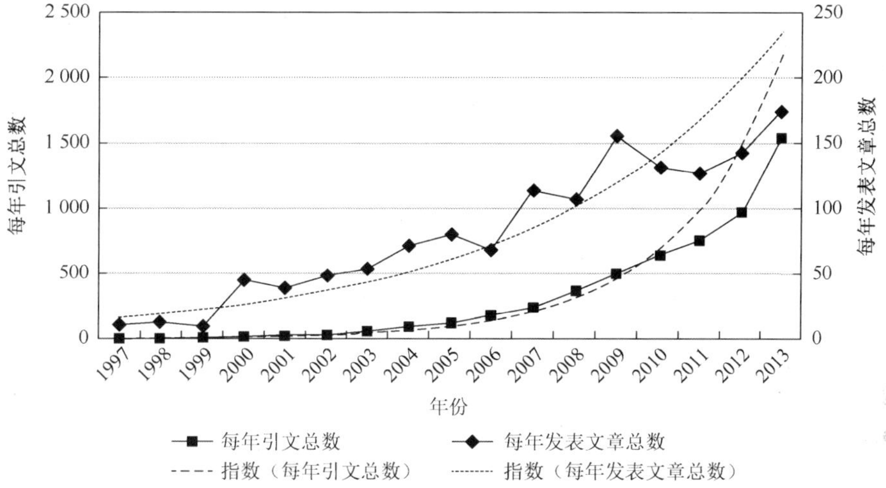

图1.1　1997～2013年商业模式研究文献统计（李雪蓉，2016）

当前人们从多角度、多层次对商业模式展开广泛研究，并取得了众多结果。与此同时，国内学者也开展了大量研究，其中北京大学副教授魏炜和清华大学教授朱武祥所著的《发现商业模式》一书中，提出“商业模式本质上就是利益相关者的交易结构”。这一对商业模式的内涵界定，深刻揭示了商业模式的本质属性，并明确指出企业的利益相关者包括外部利益相关者和内部利益相关者两类，外部利益相关者指企业的顾客、供应商、其他各种合作伙伴等；内部利益相关者指企业的股东、企业家、员工等。在诸多对商业模式的概念界定中，这一分析在本书看来最为成熟。然而，他们并没有停留此处，而是在后续的《重构商业模式》《商业模式的经济解释》等一系列书籍中，不仅进一步丰富完善了其理论内涵，还提供了一套能够较为有效地应用于实践的理论分析工具体系。这些研究成果，无疑将对本研究起到巨大的帮助作用。

1.2 研究目的与意义

互联网经济虽然是企业商业模式理论研究兴起的重要推动因素，但是商业模式理论绝不仅仅局限于分析互联网经济，它能够在更大的范围内得到推广和应用，此外，还需要将商业模式理论和企业其他管理理论进一步融合发展，以便能够更加丰富研究和扩大应用商业模式的视角。本书的研究目的在于：针对所有类型企业，建立新的、以交易结构作为划分标准的商业模式分类体系，提出竞争战略与商业模式理论融合的必要性和可行性，构建竞争战略与商业模式匹配的创新策略体系，提出有关实现商业模式创新的途径，形成基于竞争战略的商业模式创新理论，以便企业在实践中更加有效地使用商业模式创新工具，达到提升企业创新水平和绩效的作用。

1.2.1 研究目标

本书的研究目标主要包括：以交易结构为基础确定新的商业模式的分类标准；分析竞争战略与商业模式理论融合的必要性、可行性，并提出基于竞争战略的商业模式创新理论体系；通过实证方法等，验证提出的八项研究假设。同时，书中也应用了大量的案例去分析和论证以上所提出的理论。具体内容如下。

第一，以商业模式理论中交易结构的概念为标准，针对现有商业模式重新进行分类。在本书中，笔者基于自己对商业模式理论的研究与思考，发现其他研究者们在商业模式的内涵本质界定、商业模式的分类等方面存在较多争论。因为这两方面可以说是商业模式理论的基础，所以从商业模式理论的长远发展出发，当前迫切需要加快这两方面理论共识的达成。在商业模式的内涵本质界定方面，本书认为立足于商业模式是利益相关者的交易结构这一概念，能够对商业模式的本质属性进行界定。然后以此为标准，对商业模式进行分类，拟考虑将商业模式划分为平台型商业模式、整合型商业模式、聚焦型商业模式、全能型商业模式四类。这样能够做到以商业模式本质特性为分类标准，并使分类模式具有最大的涵盖性和解释力，为后续商业模式创新理论做铺垫。

第二，基于商业模式创新分类理论基础，结合竞争战略理论，构建基于竞争战略理论的商业模式创新理论体系，为企业实践运营提供指导。侧重于企业交易结构角度的商业模式研究，虽然拥有其他企业管理理论研究没有的一些研究优势，但也不能完全忽视其他企业管理理论的价值，因此尝试将商业模式研究与其他的企业管理理论研究结合起来，势必成为推动企业管理理论发展的一种趋势。本书在分析商业模式创新理论与企业竞争战略理论的过程中，认为结合竞争战略理论进行商业模式创新研究应该会取得更有价值的认识成果。

第三，通过实证分析法，验证基于竞争战略的商业模式创新理论所提出来的若干研究假设，这样能够进一步论证该理论的有效性。针对该问题，根据创业板上市公司公开资料，针对其中前200家公司，进行全方面分析，获取信息资料，转化成相关数据，提出相关理论假设，通过卡方检验、Logit模型对前面提出的理论假设进行验证。同时，本书中也应用了博弈论模型，论证了在商业模式创新发生后，由于利益相关者交易结构发生变化，利益相关者博弈行为也发生变化，企业会从其博弈地位改善中获取更多分配价值，提升企业绩效，这也是商业模式创新的意义和价值所在。

1.2.2 研究意义

当前商业模式创新无论是对企业家，还是对政府、学者来说都是热门话题。有关研究意义也分别从企业家、政府和学术界三个方面阐述：对于企业家来说，需要新的商业模式创新理论去解决现实中的众多问题，以便企业能够提高创新能力和盈利能力；对于政府来说，当前中国经济进入新常态，普遍需求不足，产能过剩，又面临着经济全球化、互联网经济迅猛崛起的现状，因此政府积极出台政策引导整个社会实现“大众创业、万众创新”，推动供给侧改革，其中商业模式创新是非常重要的环节；对于学术界来说，通过提供当前企业和政府所需要的研究课题，为决策者献计献策，提供智力支持，是推动社会经济发展的重要动力。下面分别从研究的理论意义和现实意义角度阐述。

1. 研究的理论意义

在对商业模式研究的文献分析过程中，笔者发现，主要存在以下理论不足：其一，商业模式的概念界定，中外学者从不同角度出发，虽各有千秋，但这些正是问题的所在，概念不统一，将直接阻碍商业模式理论的发展。其二，与商业模式概念界定不统一相关，对商业模式的分类也是杂乱无章，势必影响商业模式理论的严谨性。其三，在商业模式创新的研究方面，存在重应用轻理论的倾向。许多学者的研究相对比较多的是关于某行业、领域的商业模式的应用性研究，而理论性的商业模式创新研究比较少见。但本书认为，这部分恰恰是商业模式理论研究的重要内容，它决定着商业模式的理论价值。其四，在战略理论同商业模式理论两者结合应用方面很薄弱，围绕此问题，本书拟研究如何建立战略理论同商业模式理论相结合的一套理论框架体系，对推动该方向理论创新增砖添瓦。

2. 研究的现实意义

商业模式创新的现实意义主要体现在三个方面：首先，体现在企业效益增长和价值创造能力提升方面。企业家们在学习众多企业管理理论的同时，很多时候会存在如何更好地整合各种管理理论以指导企业管理发展的问题，这实际上是一个发挥不同管理理论优势的问题。基于对商业模式理论研究的特性和优势分析，如果能将战略管理理论的一些优势加以整合，势必会为企业家们更好地运用这些理论提供帮助，本书所提出的基于竞争战略的商业模式创新理论能够在一定程度上对当前企业商业模式的设计和创新提供参考依据。其次，体现在政府如何通过鼓励商业模式创新，实现中国企业高质量增长的目标。当前中国政府为了解决经济发展速度减缓，众多企业经营业绩大幅度下滑、税收增长缓慢等问题，也对商业模式创新给予了大力支持和高度关注，频频出台政策支持企业商业模式创新，解决企业发展问题，因此研究该课题也能够为政府提供决策依据。最后，为金融投资者提供判断企业价值的工具，以便能够有效地甄选出具有良好商业模式的企业，提高投资效率。

1.3 主要内容

本书内容分为八章，具体如下。

第 1 章主要揭示了商业模式创新研究兴起的背景及该研究的目的与意义，并对本书的主要内容、研究方法与技术路线和主要创新点与特点进行了概括。

第 2 章主要对商业模式理论、竞争战略理论、创新理论、制度经济学理论等研究文献进行了梳理与研究。在商业模式理论方面，分别从商业模式定义和组成要素研究现状两个方面切入，开展文献综述。笔者认为当前关于多数针对商业模式的概念界定缺乏逻辑性和说服力，虽然对于商业模式本质认识仍然没有达成共识，但是大家在强调顾客价值主张、满足顾客及利益相关者的利益、创造价值等方面能够达成共识，其中魏炜和朱武祥所提到的商业模式就是利益相关者的交易结构，这是对商业模式本质的界定，这也是本书所依托的关键概念。在商业模式组成要素方面，本书综述了 15 种不同观点，这些观点虽然不相同，但是在利益伙伴关系、企业收入模式、盈利模式、顾客、资源、价值等方面都基本能够达成共识。同时，魏炜和朱武祥也提出了六要素模型，相对而言，笔者认为该理论更加准确地解释了商业模式组成要素，能够作为后续研究的理论基础。在竞争战略理论方面，主要由迈克尔·波特提出，分别从其提出的成本领先战略、差异化战略和集中战略三方面进行了概述。制度经济学，分别研究旧制度经济学、新制度经济学，尤其是交易成本理论，认为企业是一种特殊的契约形式，而商业模式也同样是一种契约结构，降低利益相关者之间的交易成本是商业模式设计的重点内容。在商业模式创新方面，对商业模式创新的动力要素、途径、创新过程特点、创新类型等进行了综述，并认为商业模式创新的核心问题就在于其对于企业创造价值，实现竞争战略的价值和意义。

第 3 章主要针对当前商业模式分类现状进行了总体分析、评价，并且针对其中存在的问题提出了新的解决方案，即将商业模式本质属性作为标准，实现科学分类，在此提出了分析交易结构的拓扑结构分析表以及四种商业模式类型，并进一步深入到多产品、服务类企业的商业模式研究。

第 4 章针对光伏行业中具有代表性的企业进行了商业模式的对比分析，本章中精心选择行业内的七家标杆企业，分别从各企业产业布局、竞争战略、商业模式类型、商业模式六要素四个方面比较研究，并且分析了每个企业成长的历史及创新结果的差异性表现原因，分析了其中内在的机理，并且总结其中原因，为商业模式创新提供指导。

第 5 章主要研究了商业模式和竞争战略理论结合的可行性及必要性，提出构建竞争战略-商业模式匹配创新策略，认为企业竞争战略相当于在确定企业的前进方向和目标，而商业模式充当着企业实现战略的路径或工具。因此，本章分别从竞争战略（低成本、差异化）和商业模式（平台型、整合型、全能型、聚焦型）两个维度，构建了竞争战略-商业模式匹配创新策略的列表，形成八种匹配策略，在商业模式创新中应用。

同时，本章还对商业模式创新动力、创新途径、创新程度、创新类型等进行了研究，探讨了实现商业模式创新的内在机理，并提出以驱动要素和创新程度作为判断依据的两种创新形式。

第 6 章主要对前面章节所提出的创新理论进行实证研究，提出了八条验证假设，以创业板前 200 家上市公司为样本企业，分别从竞争战略和商业模式角度选取了 14 项企业指标。先用卡方检验方法对指标和分类进行检验，以考察假设的可行性。然后，建立了 Logit 模型，分别以竞争战略和商业模式为自变量进行检验。最终能够有效验证前面提出的理论假设。

第 7 章将新特能源作为应用案例研究对象，通过研究围绕实现低成本整合型商业模式创新所开展的 PC→EPC→EPC + F→BT→BT + F→BOO 这一系列的创新工作，去展现如何通过竞争战略-商业模式匹配创新策略，开展商业模式创新，实现企业价值、创造能力提升。并且该章节引入博弈论模型，论证了在 EPC 模式和 BT 模式两种情况下，商业模式创新导致博弈规则改变，所以产生两种不同定价策略，并论证了 BT 模式在利润创造方面优于 EPC 模式的结果，也证明了通过商业模式创新而提升价值创造能力这一事实。

第 8 章对全书进行了总结，并且对研究中的不足进行了反思，提出了未来理论发展展望。

1.4　研究方法与技术路线

研究方法选择的基本原则是规范分析与实证分析相结合、定性分析与定量分析相结合。具体来说，本书主要选择了以下研究方法。

（1）文献研究方法。广泛收集有关竞争战略、商业模式创新、相关企业案例等方面的资料，并对相关内容进行研究、分析、总结归纳，形成本书的研究思路和框架，包括明确研究问题、内容、视角、方向和方法。

（2）案例研究方法。案例研究是一种运用历史数据、档案材料、访谈、观察等方法收集数据，并用可靠技术对一个事件进行分析从而得出带有普遍性结论的研究方法。本书广泛搜集了大量企业有关商业模式方面的案例，分别通过分析、总结这些代表性企业在商业模式、竞争战略及创新方面所具有的特点、内在规律性，并且以此为基础，提出了相关的理论假设。书中有关商业模式分类、商业模式创新及竞争战略-商业模式匹配创新策略等的提出都主要是基于对案例的研究。

（3）比较分析方法。该方法通过对不同事物的比较，寻求其同中之异或异中之同。本书多次运用了此办法，最为典型之处：第 4 章中搜集了光伏行业七家典型企业的商业模式案例，分别从产业布局、竞争战略、商业模式类型、商业模式要素等方面对比研究，并且对各个企业形成的差异性和共性进行分析，得出相关结论。

（4）实证研究方法。本书中为了验证所提出的理论假设，针对创业板上有关上市公司 200 家企业，从竞争战略和商业模式维度确定了 14 项指标，提出有关 8 项理论假设，采用卡方检验对有关指标和分类进行检验，以考察假设的可行性，还应用了 Logit 模型验证结果。

（5）博弈论方法。博弈论又称对策论，主要研究决策主体的行为发生直接相互作用时的决策及这种决策的均衡问题。本书案例分析过程中，用博弈论方法设计模型，用于解释 BT 模式下的利润要优于 EPC 模式。

本书研究技术路线如图 1.2 所示。

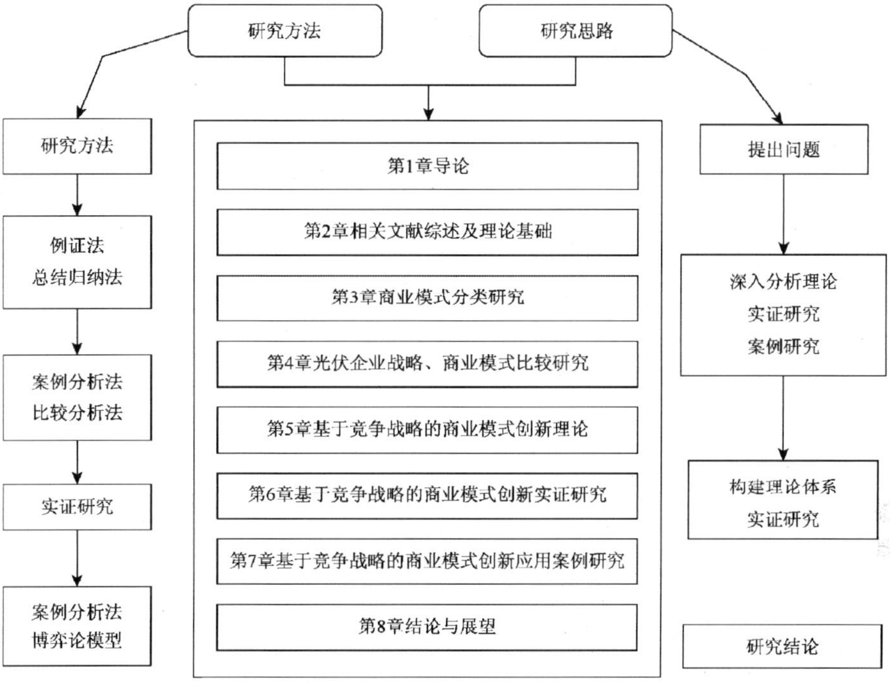

图 1.2 本书研究技术路线

1.5 主要创新点与特点

基于本书研究，现在针对创新点与特点分别从理论创新、方法创新角度阐述，具体如下。

1. 提出全新的商业模式分类标准、分类方法及内容

商业模式分类众多，然而大多数未能按照商业模式本质属性进行科学分类，由此，根据商业模式的本质是利益相关者的交易结构这一概念，提出了以交易结构作为商业模式的新分类标准，将商业模式划分为平台型、整合型、聚焦型、全能型四种，并且结合价值链理论，分别将企业业务活动涵盖价值链的宽度、价值活动环节多少、从事业务产品服务类型三个维度作为工具，划分商业模式类型。这样不但能够使商业模式理论更加简洁、清晰，能够在更广范围内应用，而且也为后续有关商业模式的理论研究提供了新的理论基础。

2. 首次提出竞争战略与商业模式创新匹配策略模型

在以往的商业模式相关问题研究方面，虽然没有学者将竞争战略和商业模式理论进行融合研究，但是在实际中两种理论一直被企业家所应用。本书首次针对竞争战略与商业模式理论两者融合的必要性和可行性进行了论证，并且根据该结果，将竞争战略划分为低成本战略和差异化战略两个维度。同时，将商业模式按照平台型、整合型、全能型和聚焦型四种类型，进行两两匹配，然后形成了低成本平台型、低成本整合型、低成本聚焦型、低成本全能型、差异化平台型、差异化整合型、差异化聚焦型、差异化全能型八种策略，这不仅是对竞争战略理论的丰富和发展，也有效地延展了商业模式理论创新的空间，为后续学者大力推动战略理论与商业模式理论之间的融合做了铺垫。

3. 基于新商业模式分类提出新商业模式创新理论

本书分别从两个角度提出新商业模式创新理论，首先，通过分析商业模式创新动力形成要素，基于驱动要素，即商业模式创新要么围绕降低成本，要么围绕价值提升而展开，由此提出了成本驱动型和价值驱动型两类商业模式创新，且这一点同迈克尔·波特低成本竞争战略和差异化战略是相吻合的。其次，根据创新程度和方式提出了递进式创新、突破式创新及组合式创新三种方式。同时，也分析了实现商业模式创新的动力、途径，提出了比较完整的有关开展商业模式创新的具体措施，使理论能够和现实实践紧密结合起来。

4. 用实证研究方法验证了八种竞争战略与商业模式创新匹配策略

实证研究方法虽然是比较常用的量化分析方法，但是在商业模式理论领域用实证方法去验证理论的有效性，却是很少，本书通过搜集创业板前 200 家上市公司的公开资料，设计了 14 项企业指标，使用卡方检验和 Logit 模型方法，比较有效地验证了根据基于竞争战略的商业模式创新理论所提出的八个假设条件，从而使前面提出的理论得到了有效支撑。

5. 提出了战略与商业模式创新之间匹配一致性对企业绩效的影响

通过对七家光伏企业的商业模式比较研究，发现商业模式创新难以独立于企业的发展战略、竞争战略而推进，战略是影响商业模式创新的重要因素，任何商业模式创新都必须要和企业的战略紧密结合，并且两者之间也存在紧密的互动关系，即在商业模式受到战略因素重大影响的同时，商业模式也对企业战略的成功实施起到有效的支撑和反作用，所以两者匹配关系一致性高的时候，企业业绩会优于一致性低的企业。

6. 用博弈论模型与案例分析结合论证商业模式创新价值

在本书有关新特能源案例研究中，不仅仅通过案例法研究了商业模式创新的路径及其所带来的绩效改善，还引入博弈论模型论证了在商业模式创新后，通过改变利益相关者之间的博弈规则，改变各方最优定价策略，从而会给积极创新者带来新增收益。

第 2 章　相关文献综述及理论基础

任何理论的创新发展都建立在前人大量研究成果的基础上，而商业模式理论也是一个新的理论，它的后续发展不仅仅要吸收商业模式理论领域内的相关知识，还要及时吸收在管理学、经济学等多种理论体系的知识，这样才能够更加有效、快速地成长和发展。本章主要对商业模式理论、竞争战略理论、制度经济学理论及创新理论进行了综述，以为后面的理论研究和创新提供基础。

2.1　商业模式研究综述

随着高新技术的发展，信息跨时空、跨地域传播的速度越来越快，使企业之间信息的传递速度和准确度大为提高，企业之间相互模仿的成本大幅降低，这样使得采取技术领先战略的企业优势越来越小，并且优势保持时间越来越短，采取技术领先战略的企业需要巨额的研发投资，同时研发成果给企业带来的优势却在时间上被缩短，这种投入与收益的不平衡关系使得很多企业竞相采取了技术跟随战略。在高新技术日新月异和竞争日益激烈的市场环境中，产品的同质化速度加快使得企业之间的表现在价格上的竞争加剧，企业之间频繁的价格战，使企业的利润减少甚至亏损。这些情况的出现引发了学术界和企业界积极探索企业发展的新出路。在此背景下，商业模式理论研究方兴未艾，世界管理学大师、美国哈佛大学商学院教授彼得•德鲁克曾说，今天企业之间的竞争已经不是产品之间的竞争，而是商业模式之间的竞争。那么，什么是商业模式呢？

2.1.1　商业模式的定义

商业模式最早在 1957 年作为概念正式出现在学术论文里，但这个概念真正走入公众和学界的视线却是 20 世纪 90 年代。尤其是进入 2000 年以来，众多学者从不同角度出发，提出了不同的商业模式定义，对其中影响比较大的观点，本书简单梳理如下。

首先，从定义商业模式的视角来看，主要的有 Linder 和 Cantrell（2000）将商业模式定义为企业创造价值的核心逻辑。Applegate（2001）认为，商业模式是对复杂商业的描述，通过商业模式能够研究商业的结构和各结构之间的关系及企业如何响应外界的变化。Magretta（2002）认为商业模式明确了企业运作的机理。Elliot（2003）认为商业模式确定了商业交往中不同参与者之间的关系和它们各自成本状况、收入及利润的分配。Rappa（2004）认为，商业模式是对商业运作的描述，并明确了企业在价值链中所处的位置，说明了企业如何创造价值。

其次，基于上述不同的视角，学者们提出的具体商业模式定义如表 2.1 所示。

表 2.1　商业模式主要定义

学者（年）	商业模式定义
Timmers（1998）	商业模式是一种产品或服务和信息流的架构，包括参与行为者的角色、收益和财务状况的描述
Weill 和 Vitale（2001）	把商业模式定义为公司的客户、同盟者和供应商之间角色和关系的描述，并且描述主要的产品流、信息流和资金流及对各种类型参与者主要的利益
Amit 和 Zott（2001）	商业模式是由公司、供应商、候补者和客户所组成的网络运作的体系结构
Hawkins（2002）	商业模式是企业和它在市场中提供的产品或服务之间的商务关系，是一种构造各种成本和收入流的方式，在基于产生的收入能支撑自己的意义上，使商业得以存在
Chesbrough 和 Rosenbloom（2002）	商业模式把技术转变成经济价值
Magretta（2002）	商业模式就是一个框架体系，它回答了哪些人、做什么、怎么做这三个问题
Hedman 和 Kalling（2003）	商业模式就是对商业中的关键要素的描述，也强调文化内涵
Osterwalder（2004）	商业模式描述了企业创造价值、传递价值和获取价值的基本原理，包括一组元素和它们之间的关系，并可以表示公司获利的逻辑。商业模式描述公司提供给一个或若干客户群的价值及公司和其伙伴网络所组成的体系结构。这个体系结构致力于创造、营销和送达这个价值和关系资本，并以产生利润和可维持生存的收入流为目的
Osterwalder 等（2005）	商业模式描述了公司通过哪些要素提供价值及这些要素之间的内在关系
罗珉等（2005）	商业模式是一个组织在明确的外部假设条件、内部资源和能力的前提下，用于整合组织自身、顾客、价值链伙伴、员工、股东或利益相关者来获取超额利润的一种战略创新意图和可实现的结构体系及制度安排的集合
Chesbrough（2006）	价值创造和价值获取是商业模式的两大主要功能
Johnson 等（2008）	商业模式的四个组成要素包括价值主张、盈利模式、过程和资源
Mullins 和 Komisar（2009）	商业模式指的是商业经济活动
魏炜和朱武祥（2009）	商业模式本质上就是利益相关者的交易结构
Osterwalder 和 Pigneur(2010)	商业模式描述了如何通过组织创造、输出和获取价值

综观上述近年来关于商业模式的概念界定，这些定义总体无外乎将商业模式或者看作是一种结构体系，如 Timmers（1998）、Amit 和 Zott（2001）、Magretta（2002）等；或是将其界定为特定主体的关系模式，如 Hawkins（2001）、Osterwalder

等（2005）；或是界定为综合性的制度安排，如罗珉等（2005）；或是界定为一种价值创造相关模式，如 Chesbrough 和 Rosenbloom（2002）、Osterwalder（2004）、Chesbrough（2006）、Johnson 等（2008）、Osterwalder 和 Pigneur（2010）；或是界定为企业战略体系；或是从组成要素角度进行界定，如 Johnson 等（2008）。其中绝大部分商业模式的内涵界定都与价值创造、获取和输送相关。

其中一些关于商业模式的概念界定严格意义上还不能算作是定义，因为它们没有揭示出商业模式的本质内涵，而只能看作是概念的初期阶段，即描述性表达而已，如 Chesbrough 和 Rosenbloom（2002）、Magretta（2002）、Osterwalder 等（2005）、Mullins 和 Komisar（2009）等，这类对商业模式的界定因为其过于模糊而缺乏说服力。

另一些关于商业模式的内涵界定又过于宽泛，毋宁说是一种罗列式的说明性表达，如 Osterwalder（2004）、Weill 和 Vitale（2001），此类对商业模式的界定因为其过于笼统而无法令人信服。

其他一些关于商业模式内涵的界定又过于轻率，将商业模式仅仅限定为与价值创造相关的活动或过程，如 Chesbrough 和 Rosenbloom（2002）、Osterwalder（2004）、Chesbrough（2006）、Johnson 等（2008）、Osterwalder 和 Pigneur（2010），此类商业模式概念界定，实际上将商业模式等同于企业盈利模式，但盈利模式仅仅是企业商业模式中的一个构成部分，这样界定势必消解了商业模式概念的存在意义，忽视了商业模式概念的内在特质，也不可取。

总之，直至目前，许多关于商业模式的概念界定缺乏逻辑性和说服力，关于商业模式本质的认识仍没有取得高度共识，但是这些研究成果也仍然由于各具特色而颇具启发性。从商业模式定义的发展趋势来看，对商业模式的表述也存在一些共性，如都强调顾客价值主张，以满足顾客及利益相关者的利益为前提，为企业创造收入等。这些无疑对于本书的研究具有帮助作用。

当然在上述商业模式的定义研究中，也有引起强烈共鸣的观点，其中，魏炜和朱武祥（2009）在国内外研究的基础上，提出“商业模式本质上就是利益相关者的交易结构，商业模式为企业的各种利益相关者提供了一个将各方交易活动相互联结的纽带”。魏炜和朱武祥（2010）指出交易结构涵盖了有关交易主体、交易定价和交易方式等内容。这一对商业模式的本质界定，在笔者看来，言简意赅地揭示了商业模式的独特本质，也是本书采纳并进行以下分析的理论基础。

2.1.2 商业模式组成要素研究现状

由于学者对商业模式内涵的理解不同，因而关于商业模式的构成要素认识自然也各不相同。有很多学者也将商业模式具体解析为商业模式构成模块，其实是侧重于从图解的角度来分析商业模式的要素构成。在此，本书将 2000 年以来较具影响力的一些关于商业模式构成要素或构成模块的观点列表，如表 2.2 所示。

表 2.2　商业模式组成要素的不同观点

作者（年）	商业模式构成要素
Hamel（2000）	战略资源、核心战略、价值网络、客户界面
Mahadevan（2000）	三个关键组成部分：一是价值，识别顾客和业务伙伴的价值主张；二是收入，确保产生收入的规划；三是后勤，致力于与公司的供应链设计相关的多方面事项
Petrovic 等（2001）	价值模式、资源模式、产品模式、客户关系模式、收入模式、资本模式、市场模式
Afuah 和 Tucci（2000）	客户价值、范围、定价、收入来源、关联活动、实现、能力、持久性
Gordijin（2002）	商业模式由八个不同要素建构，包括生产者、价值、客户、对接、交换、行动、市场份额、依赖路径
翁君弈（2004）	将商业模式环境分为平台环境、客户伙伴环境、竞争环境、内部环境
Osterwalder（2004）	建立了一个由四部分组成的商业模式框架，即产品、客户界面、基础设施管理和财务状况，并进一步划分为九个组成要素：价值主张、消费者目标群体、分销渠道、客户关系、价值配置、核心能力、合作伙伴网络、成本结构和收入模型，这九个要素相互衔接构成了相互联动的整体
Morris 等（2005）	商业模式由六要素构成，具体包括价值创造、市场因素、内部能力、竞争性战略、经济因素和投资因素
彭歆北（2008）	将商业模式分为三个层面：内层核心竞争力、中层业务组合、外层实现模式
原磊（2008）	商业模式的“3-4-8”分类方法和构成体系。其中“3”代表联系界面，包括顾客价值、伙伴价值、企业价值；“4”代表构成单元，包括价值主张、价值网络、价值维护、价值实现；“8”代表组成因素，包括目标顾客、价值内容、网络形态、业务定位、伙伴关系、隔绝机制、收入模式、成本管理
魏炜和朱武祥（2009）	提出了较为完整具体的商业模式六要素，即定位、业务系统、关键资源能力、盈利模式、现金流结构和企业价值
李政勇（2009）	系统、整合、高效率、核心竞争力、持续盈利、整体解决方案、客户价值最大化
Osterwalder 和 Pigneur（2010）	商业模式包含了 9 个要素：价值主张、消费者目标群体、分销渠道、客户关系、价值配置、核心能力、合作伙伴网络、成本结构、收入模型
Johnson（2010）	商业模式由客户价值主张、盈利模式、关键流程和关键资源四部分组成
张维迎等（2008）	商业模式包含的八要素：公司价值、客户保留、客户接触、价格成本、情感、生态系统、产品与服务、速度

从具体观点来看，上述关于商业模式构成要素的研究，虽然没有统一的说法，但是却有着共同的部分，大部分商业模式都强调了利益伙伴关系、企业收入模式即盈利模式，顾客、资源和价值等，商业模式组成要素研究能够使理论研究更加全面、系统、完善。

不同的商业模式构成要素学说，不但将商业模式的内涵认识具体化、模型化，而且也从不同角度拓展了商业模式研究的思路，其共性是，商业模式构成要素学说反映了当今社会技术革新加速、市场环境竞争激烈、经济关系复杂多样的现实经济背景。各个企业在面对变革加剧、竞争激烈的时代挑战时，或主动或被动的不断开启商业模式创新的实践。在此过程中，企业商业模式创新的重要内容恰恰可以从商业模式构成要素角度展开。企业进行商业模式创新时，必须要对现有的商业模式构成要素知晓，并识别自身商业模式的不足。商业模式构成要素研究，使人们能够更好地了解中国企业与国际知名企业的差距，有利于指导企业构建具有竞争力的商业模式，有利于企业之间的商业模式的优劣比较。因此，可以将商业模式构成要素学说看作是对商业创新问题的解析，其为进行商业模式创新提供了分析框架，即有助于从具体的路径和实现方式方面将商业模式创新具体化。

在众多关于商业模式构成要素的观点中，笔者认为魏炜和朱武祥两位学者提出的商业模式六要素观点，是对利益相关者交易结构的准确解析，也对本书接下来的相关研究起到了一定的启发和引导作用。商业模式构成要素的研究是商业模式创新的基础，有助于笔者对商业模式创新的思考，同时也为本书的商业模式创新性研究提供了方向和基础。

2.2　基于竞争战略的商业模式创新理论研究基础

从上述内容来看，商业模式创新可以从不同层面出发，侧重不同的角度展开，但之前学者们并没有从竞争战略的角度展开研究。由于竞争战略和商业模式关联的重要性，本书从竞争战略与商业模式结合的角度展开研究，填补了商业模式理论的空缺。

2.2.1　竞争战略理论主要观点概述

"战略"一词最初来源于军事，也称"军事战略"，是筹划和指导战争全局的方略。20 世纪 70 年代，竞争战略开始用于企业竞争中，用于指导企业如何在激烈的市场竞争中建立竞争优势，取得胜利。在日益动荡多变复杂的市场环境中，对企业来说，制定一个能够指导企业获取竞争优势的战略显得越来越重要。

关于竞争战略的制定与分类研究，在当代最受管理学界和企业界推崇的莫过于迈克尔·波特的论著——《竞争战略》。在《竞争战略》一书中，迈克尔·波特将竞争战略描述为：企业采取主动或者防御战略在行业中创造防御地位，成功处理五大竞争力（潜在进入者、买方、供应商、替代品、现有行业竞争者），并为企业成功带来投资回报，他将有利于公司获得长期竞争优势的战略分为三大通用战略，即总成本领先战略、差异化战略和集中战略。

总成本领先战略要求企业严格控制价值链上各种活动，如采购、内部物流、产品设计、研发、服务、外部物流、渠道管理、销售团队管理和广告等的成本；要求企业在一定规模范围内积极建立大规模的高效生产设施，以提高生产效率，获得规模经济；要求生产知识、经验迅速有效地在整个组织内传播分享、积累改进和创新，以获取经验曲线，通过经验积累积极降低成本。另外，企业管理层需要高度关注成本控制，对错误、疏忽的低容忍度，取得较低的成本成了引导企业所有行动最关键的因素。

基于总成本领先战略的考虑，就算企业所在行业竞争非常激烈，只要企业的成本低于竞争对手，企业就能够获得高于行业平均水平的利润率。总成本领先的优势能使企业有效地对抗竞争对手，在与竞争对手展开竞争的过程中，低成本意味着当竞争对手亏损时，本企业仍可获得利润。另外，低成本可以使企业从容应对强势的买方和卖方的讨价还价能力，提高顾客的忠诚度，提高顾客转向替代品或竞争对手产品的转换成本，提高企业相对于竞争对手和替代企业的竞争力及行业的进入壁垒。

要获得总成本领先地位，企业需要占有较高的市场份额或者具备其他竞争优势，如优先获得原材料等，此外，企业设计的产品要易于生产，并开发多种相关产品来分担成本，采用总成本领先战略需要企业花费巨额投资购买一流的设备以提高生产效率。由此可见，低成本战略对企业所要求的前期和持续性的投入密切相关，所要求的条件比较苛刻，尤其是在当今人们的个性化需求日益凸显的时代背景下，其低成本战略正遇到越来越大的考验，从其所需条件来看，具有内在的局限性，因此，并不是所有的企业都选择低成本竞争战略，还存在其他的竞争战略。

差异化战略是指企业向市场提供，并被顾客或竞争对手认可的具有独特性的产品或服务（包括独特的产品设计或者产品形象、技术实力、独特的功能、独特客户服务和分销渠道等）。差异化战略往往与低成本相悖，因为差异化战略对应的是高成本的行动投入和应对措施，如独特的产品设计与包装、广泛的市场调研、高质量的原料投入及较高费用的营销投入和差异独特的顾客服务。此外，差异化战略与获取较高市场份额也往往具有不可兼得性，因为企业实施差异化战略是以较高的成本为代价的，所以实施差异化战略的企业必然会对产品和服务定出高价，但是并不是所有的消费者都有能力为高价买单，这样高价格就大大缩小了市场容量。

但是，企业依旧可凭借其产品和服务的独特性获得高于行业平均水平的收益，因为实施差异化战略的企业可以规避激烈的市场竞争，在波特的竞争战略模型中处于强势的地位，且对产品具有较强的维持溢价的能力。在当前互联网时代，电商发展日益成熟的条件下，随着顾客选择商品和服务自由度的大大提升，实际上对企业提出了更高的差异化服务和产品的要求，即既要低成本又要有特色。而同时达到这两方面的优势地位，似乎对很多企业而言难度很大。企业的资源和能力往往是有限的，将有限的资源和能力转化为实际的高收益，对很多企业而言，还需要其他的竞争战略，如集中战略。

集中战略是指把经营战略的重点放在一个特定的目标市场上，为特定的地区或特定的购买者、集团提供特殊的产品或服务。从特点来看，该战略要求企业的业务极具专注性，在高能力方面对企业提出了极高的要求，因此在企业是否及如何实施集中战略方面，还需要深入研究和思考。

通过对上述三大竞争战略的概述，可见今天企业面临的竞争压力和竞争方式已经与以前的经营方式有很大的差异。那么，如何面对不确定性更大、风险更大的市场环境，如何生存、发展、成长，这是所有企业亟待解决的问题。为此，创新理论已经成为当代企业如何创造价值、如何创造可持续发展优势的重要理论，其实践价值不言而喻。对公司竞争战略的分析，为本书的商业模式创新做出了最基本的理论借鉴和导向。

2.2.2 创新理论主要观点概述

创新已经成为中国目前出现频率最高的词汇之一，并且我国政府已经提出要把我国建设成为一个具有创新力的国家。那么，什么是创新呢？不同的学者给出了不同的解释：①创新就是在众人或采纳方眼里的新思想、新实践或新事物；②创新就是成功地运用创意；③创新就是将新的元素应用在生产、分销和消费产品与服务中；④创新就是将发明商业化，使它们和商业联系起来，充分运用发明，将它们转化为市场中可以交易的商品，或者，直白地说，创新就是将作坊或实验室中诞生的发明投放到市场中去。

熊彼特认为，“创新”是指“新的生产函数的建立”，即“企业对生产要素的新的组合”，它包括五种类型：引入一种新的产品或提供一种产品的新质量；采用一种新的生产方法；开辟一个新的市场；获得一种原料或半成品的新的供给来源；采取一种新的企业组织方式。熊彼特认为经济系统的均衡只是一种理想的状态，在实际的经济生活中是永远不可能达到的。因此，经济发展应该被理解为一种变化，造成经济发展或经济变化的动因，是流量系统自发的和不连续的变化，是对均衡的扰动。

大卫·史密斯在《创新》一书中，对创新进行了分类，第一种分类法是基于创新的形式即创新被应用的形式，一共有三类：产品创新、服务创新和工艺创新。

第二种分类法是基于创新的新颖程度即每一项创新所带来的革新程度，把创新共分为四类：渐进式、激进式、模组式和建构式。其中，渐进式创新是将现有的设计在组件上再精益求精，再做改进，只做改进，不做改变，组件没有发生很大的变化。激进式创新远远不是对现有的设计做改良。激进式创新需要完全诞生一个新的设计，最好用全新的组件做全新的配置。模组式创新仍然沿用现有产品系统中原有的结构和配置，但是更换了采用新设计思路的新组件。建构式创新是指组件和相关的设计思想没有发生变化，但整个系统的配置出现了变化，确定了新的组合方式。上述创新思想，各形式表述见表 2.3。

表 2.3　创新类型变革

创新	组件	系统
渐进式创新	改进	未改变
模组式创新	新	未改变
建构式创新	改进	新配置/新构造
激进式创新	新	新配置/新构造

除了从创新的内涵、分类、形式、程度等角度出发认识创新，还有其他学者从别的角度来探讨创新，如从创新所需的知识的角度。

Henderson 和 Clark（1990）指出，制造一个产品一般需要两种完全不同种类的知识：①组件知识，如了解每个组件如何在产品整体系统中发挥功效。这些知识构成了组件的“核心设计理念”。②系统知识，如了解如何将组件整合和连接在一起。这些知识涉及系统是如何运作的及各组件是如何配置在一起工作的。亨德森和克拉克把它们称作“结构”知识。

除了上述研究视角外，还有学者从创新途径的角度展开对创新的研究。例如，克里斯坦森把创新途径分为维持性创新和破坏性创新两类，其中，维持性创新是指公司在过去消费者所重视的维度方面对现有产品做出改进。破坏性创新又分为低端破坏性创新和新市场破坏性创新。低端破坏性创新指的是当现有产品和服务“好过头”，就会有公司向现有顾客提供低价、相对简单的产品。当现有产品的特性限制了潜在消费者数量，或者迫使消费发生在不便利、集中的背景下，新市场破坏性创新就会出现。这一理论中，破坏性创新概念的冲击力非常大，当前时代随着经济环境、新技术的发展，许多传统企业在破产，许多新兴行业和领域在产生，究其原因，很多与破坏性创新密不可分。

如果说上述关于创新的观点，主要就创新本身在探讨，那么下面提出的创新生态系统理论则站在更高层次，从系统论的角度，开始综述影响创新的诸多内外因素。

在众多创新理论的基础上，创新生态系统理论的提出独树一帜。“其兴起和发展的重要驱动力在于科技进步、国际竞争、生态发展等。越来越多的国家和地区开始认识到培育和营建优良创新生态系统的重要性，创新生态系统正在各个层面快速发展。”“创新生态系统以更强的生物学隐喻来揭示创新的系统范式。根据演化经济学，人类的创新活动究其实质是较为特殊的一种生命过程，在很大程度上，创新服从于生物学规律，用生物学隐喻可以更深刻地揭示创新过程。创新的过程被揭示为物种、种群乃至群落对环境变迁、扰动形成的应答过程。”“创新生态系统通过物质流、能量流、信息流实现内部物种、种群、群落之间及与环境之间的物质、能量和信息交换，以维持系统的稳定性和高效性。在一定程度上，物质流包括人力资本、实物资本等；能量流包括知识资本、金融资本等；信息流包括政策、市场信息等。作为能量流的知识或知识资本对创新生态系统运行和演化往往发挥着主导作用——人、企业和体制之间的技术和信息流对于充满活力的创新过程至关重要。”（李万等，2014）

2.2.3　制度经济学理论主要观点概述

“制度”一词早已有之，在《辞海》中，制度是指要求社会成员共同遵守的，按一定程序办事的规程。其中，旧制度经济学派的观点概述如下。

旧制度经济学派的主要代表人物凡勃仑认为，制度是制定的规则，它起着规范人们行为的作用，抑制人际交往中可能出现的任意行为和机会主义行为。它告诉人们可干什么，不可以干什么，要达到这些目标它必须具有奖惩的作用，也就是说，制度可以使人们的行为变的可以预见，同时也促进了人们之间的交往与合作。

旧制度经济学派的另一代表人物康芒斯认为，制度是集体行为控制个体行为。制度告诉人们能够、应该、必须做什么，或者一定不能做什么。以此观之，旧制度经济学偏重于从制度的功能来定义制度，较好地说明了制度的作用，表明制度是一种行为规范。

新制度经济学的主要观点与旧制度经济学的观点有所不同。交易费用、财产权和合约关系构成新制度经济学文献的基本要素。新制度经济学者对制度也提出了各种定义。W.艾尔斯纳认为，制度是一种决策或行为规则，特定的规则通常在特定的社区内得到普遍认可，因为它们为与决策有关的预期提供了基础。舒尔茨认为，制度是一种行为规则，这些规则涉及社会、政治、经济行为。布罗姆利认为，制度是影响人们经济生活的权利和义务的集合，包括两个部分：一部分是行为准则；另一部分包括规则和所有权。

尼尔认为，从广义上讲，制度暗指一种可以观察且可遵守的人类事物安排，它同时也含有时间和地点的特殊性而非一般性。具体来说，某一制度可以通过以下三类特征而被识别：其一是存在大量的人类活动，并且这些活动是可见的和可辨认的；其二是存在许多规则，从而使人类活动具有重复性、稳定性，并提供可预测秩序；其三是存在大众习俗，它对人类活动和各种规则加以解释和评价。

诺斯指出：制度是社会的游戏规则，更严格地说，制度是人为制定的限制，用以约束人类的互动行为。诺斯进一步解释道，制度是一系列被制定出来的规则、守法秩序和行为的道德伦理规范，它旨在约束追求主体福利和效用最大化利益的个人行为，它提供了人类相互影响的框架，建立了一个社会或一种经济秩序的竞争与合作关系，所以制度是社会游戏的规则，是人们创造的、用以限制人们相互交往行为的框架。

上述关于制度的观点，从制度的内涵、外延、功能等多个方面展开了研究，制度的重要性当然与制度的功能密切相关。

众多著名的经济学家及学者如此看重和关注制度的原因在于制度对于经济活动具有非常重要的意义，制度的作用通过制度的功能体现出来。制度的第一功能是降低交易费用。在新古典经济学中，由于假定交易费用为零，制度因素可以忽略。实际上，在分析中，也往往没有考虑制度因素，或者假定制度因素不变，但当交易费用不为零时，就不得不考虑制度因素，制度因素就不能假定为不变，此时，各种制度就产生了，并通过减少市场中的不确定性，抑制人的机会主义行为等途径，降低交易费用。从历史上看，许多制度制定出来就是为了降低交易费用。

制度的第二个功能是为经济服务。W.舒尔茨认为，制度的功能就是为经济提供服务，如货币制度便利了交换和结算，租赁、抵押贷款和期货可以提供一种使交易费用降低的合约；市场可以提供信息；保险公司可以分散风险；银行可以提供金融服务等。

制度的第三个功能是为合作创造条件。制度规范了人与人之间的相互关系，减少了信息成本和不确定性，把阻碍合作的因素降到了最低限度，为合作创造了条件。例如，公证制度和保险制度就起到稳定预期和消除不确定性的作用，由此更好地促进了人们的交易和合作。

制度的第四个功能是提供激励，这方面最明显的例子是激励制度。专利制度鼓励了人们的发明与创造，因而技术进步现在被看成是对经济激励做出的反应。

制度的第五个功能是外部效益的内部化。通过明确界定产权或合并企业，可以解决外部性问题。

每个企业都有制度，企业之间也都是以契约等方式交易的，但是有些企业一直停滞不前甚至破产倒闭，而有些企业却能发展得很好，尤其是近些年来，深圳市腾讯计算机系统有限公司（以下简称腾讯）、百度、阿里巴巴网络技术有限公司（以下简称阿里巴巴）、亚马逊公司、北京京东世纪商贸有限公司（以下简称京东商城)、苹果公司等的迅速崛起，许多新的制度体系相伴而生，如何及时变革制度体系以适应不断变化的经济大环境，如何更早地发现和建立新的高效制度体系，从而不断推动企业向前发展，成为企业家和学者们普遍关注的问题。正如有些学者将商业模式也看作是一种制度安排一样，对商业模式的研究也需要制度研究。例如对于企业来说，制度最主要的作用是降低交易费用，因此，降低交易费用是企业在设计商业模式时必须考虑的关键因素之一。构建与众不同、能推动自身不断发展的商业模式是企业商业模式创新的方向和目标。

2.2.4 商业模式创新理论综述

商业模式创新不仅是对技术、产品、信息流、现金流等的创新，更是通过对企业自身交易结构的创新，与企业合作伙伴、客户、政府、供应商等利益相关者构建一个互利共赢、具有创新能力、相对稳定的商业生态系统，从而达到企业的战略目标。Amit 和 Zott（2001）认为，公司的商业模式是创新的重要土壤，也是价值创造的关键，商业模式创新是企业主导战略重新定位的驱动力。2008 年，克里斯坦森等三位学者认为企业若想实现变革性增长，依靠的往往不是产品和技术创新，而是商业模式创新。可见，对商业模式创新的研究具有重要意义。

人们对商业模式创新的关注实际上开始于对商业模式的早期研究，正是诸多环境因素、企业盈利模式、交易结构等商业模式构成要素方面的变化，既引起了人们对商业模式的研究兴趣，又促使人们形成了对商业模式创新重要性的共识。

首先，从商业模式创新研究的主要视角来看，学者们对商业模式创新的研究主要包括以下几方面：商业模式创新的驱动因素（也称动力因素）、商业模式创新的途径、商业模式创新的过程及特点、商业模式创新的影响力、商业模式创新的分类研究等。

对商业模式创新的研究，自然要涉及对商业模式创新动力的研究。对此，学者们将商业模式创新动力因素主要归结为以下几方面：新技术市场化、商业环境压力、需求拉动、企业高管的创新精神、综合性因素等。其中，既有客观性因素，又有主观性因素，有些学者着重强调了企业高管的创新精神，引起了强烈的共鸣。

其次，从实现商业模式创新的措施和方法的层面来看，学者们对商业模式创新途径的认识主要分为：从商业模式构成要素创新的角度研究、从商业模式系统性创新的角度研究、从价值链视角出发的研究及从战略视角出发的研究。

再次，从商业模式创新的过程和步骤层面来看，学者们也进行了一定的探讨，强调了商业模式创新需要的条件——企业组织层面持续性学习活动的重要性及商业模式创新过程特点和商业模式创新过程中存在的阻力因素——认知阻力、组织结构阻力、环境配置阻力、外部环境阻力等分析。

关于商业模式创新的类型，有学者提出了四种形式：重新链接、重新分配、重新定位、重新激活。

学者们虽然从不同角度展开了对商业模式创新的研究，各抒己见，观点不尽相同，但大家都认同商业模式创新的重要性。早在 2009 年一份来自欧洲工商管理学院的商业模式创新研究报告就提到“最近一份对 765 家大公司和政府部门的调查反映了一种普遍的期待：商业模式创新是增加公司盈利的巨大引擎”。由此将商业模式创新提高到了关乎公司生死存亡的高度。

最后，从商业模式创新研究存在的问题或局限性来看，学者们对商业模式创新的上述视角的研究，虽然为企业创新商业模式提供了许多启发，但是这些研究很多在程度方面还不深入。

相对而言，人们对商业模式创新动力因素的认识较为全面和清晰，但也存在一种误解，似乎商业模式创新主要是技术发展、竞争压力巨大等客观因素驱动的，往往忽视了从企业自身因素的角度探讨商业模式创新的内生性问题。

对商业模式创新途径的认识方面，却存在标准不统一的问题。例如，有些学者从商业模式构成的单一要素角度或整体要素角度进行研究，有的又从企业竞争战略或价值链角度进行研究。

而对商业模式创新过程的分析，虽然涵盖了商业模式创新的时机、条件、特点、阻力因素等，但是缺乏对如何克服阻力因素、规避商业模式创新风险、提高商业模式创新效益的核心问题的剖析，从而降低了理论的实用价值。对商业模式创新的过程研究、商业模式创新绩效的评价等问题的研究还有待加强。

另外，对什么是商业模式创新的核心问题，实际上学者们的认识还不统一。而这恰恰是本书提出基于竞争战略的商业模式创新研究的价值所在。Jose 等（2009）提出“需要进一步研究的问题是，企业的战略选择与促进企业产生内生型的商业模式创新之间的关系”。在笔者看来，企业竞争战略相当于是在确定企业的前进方向和目标，而商业模式充当着企业实现战略的路径或工具，企业商业模式创新的核心问题就在于其对于企业实现竞争战略的价值意义，如以上提到的差异化竞争战略、低成本竞争战略，给企业提出了差异化和低成本的总体目标要求，而构建或选择哪一种或几种商业模式能够最好地达成这些目标，其实就包含了创新商业模式的内容。

2.3　小　　结

本章首先针对商业模式定义、商业模式组成要素进行了文献综述，认为魏炜和朱武祥两位学者所提出的概念，即商业模式本质上就是企业利益相关者的交易结构，能够比较准确地反映商业模式的准确内涵，所以本书中也将该概念作为理论研究的基础。其次，分别对竞争战略、制度经济学、创新理论等进行了理论综述，并将这三个重要理论工具作为商业模式创新的理论基础，具有重要价值。

第3章　商业模式分类研究

随着技术的快速进步，尤其在互联网背景下，众多新兴企业以其独特的经营运行模式冲击着人们的思维，对此采用传统的管理学理论和知识，已经难以有效地描述和剖析相关企业价值增长及赢得竞争优势的逻辑。在此背景下，一个以系统性分析企业营利模式见长的新的管理学理论即“商业模式理论”在实践中逐步成为众多企业家、投资银行家必备的分析和判断工具。

对商业模式进行分类研究是研究商业模式理论的重要组成部分，科学的商业模式分类势必要以商业模式的本质属性或重要特征作为划分标准，然而现实中，学术界关于商业模式的分类受到商业模式本质认识不统一的影响见仁见智，纷繁复杂。这一部分本书首先就其他学者对商业模式的主要划分进行梳理，对其存在的问题进行概括。其次，从理论上指出商业模式的普通划分与逻辑分类的区别。最后，在分析交易结构理论视角的商业模式本质基础上，尝试新的商业模式类型划分。

3.1　商业模式分类研究现状

商业模式的分类研究就是对各类具有不同特点的企业所具有的商业模式进行分析，发现内在逻辑，并总结、归纳为若干类别的过程。科学的商业模式分类不但能够为从事理论研究提供启迪，而且能够为从事实践活动的企业家提供经营思路，而不同的视角和标准则导致分类的不同。

3.1.1　当前分类体系

Timmers（1998）基于互联网的角度，针对电子商务商业模式提出了电子商店、电子采购、电子拍卖、第三方市场、虚拟商业、价值链服务提供商、价值链整合者、协作平台、信息中间商和征信服务10种商业模式。该种分类基本上是按照价值链理论创建的分类体系。主要分三个步骤进行：第一步是价值链分解，即识别价值链中的要素；第二步是建立交互模式原型，根据双方信息关系，分为一对一、一对多、多对一、多对多四种交互模式，从而在价值链的各环节上形成许多商业模式原型；第三步是价值链重构。

Bambury（1998）提出形成路径的商业模式分类体系，将互联网中的商业模式分为两个大的类型：移植于真实世界的商业模式（简称为移植模式）和互联网与生俱来的商业模式（简称为禀赋模式）。

Tapscott（1999）认为在电子商务时代，供应商、服务商、基础设施、分销商、顾客将形成商业网的特殊结构，根据商业网自身的经济控制程度和价值整合程度可以分为五类商业模式。

Mahadevan（2000）基于电子商务 B2B（商家对商家）和 B2C（商家对个人客户）两种交易类型，针对互联网类商业模式提出了门户、做市商、产品及服务提供商三种。

Dreisbach 和 Writer（2000）提出了一种基于提供品（offering）形式的商业模式分类体系，将提供的商品分为产品、服务、信息三种，并由此分为基于产品销售的、基于服务销售的和基于信息交付的三种商业模式。

Applegate（2001）提出了聚焦分销商模式、基础设施提供模式、门户模式和制造商模式四类。

Rappa（2001）基于价值主张和价值实现的商业模式分类体系，将网络商业模式分为中间商业务、广告、商业、制造业、联盟、社区、订阅和基础设施八种。

Weill 等（2005）根据企业经营中哪些权力被出售及资产类型将企业的商业模式分为创造者、分配者、所有者和中间商，然后又根据每种商业模式中所涉及的金融的、物质的、无形的和人的四个维度，进一步划分为 16 类，其中能够应用的为企业家、制造商、发明商、金融贸易商、批发零售商、知识产权贸易商、融资商、资产所有者、知识产权所有者、总承包商、金融中间商、物资中间商、知识产权代理商、人力代理商这 14 类。

Sinha（2007）提出了在线、网络效应、经销、直销、交易、订阅、带增值的免费服务这七种商业模式。

以上内容代表了当前主要的商业模式分类，其他的还有很多，如平台型商业模式、鼠标加水泥模式、P2P（peer to peer，个人对个人）、C2C（consumer to consumer，消费者对消费者）等。

上述对于商业模式分类的共同特点在于撇开研究利益相关者结构这一核心内容谈商业模式分类，从而难以解释和应用于现实企业经营模式的分析中。如此多样的商业模式分类体系，严重地阻碍了商业模式理论研究的整体推进，将商业模式概念界定不统一的负面影响进一步放大了。

3.1.2　存在的主要问题

从以上文献中，可以看到对商业模式分类主要存在如下问题。

第一，商业模式分类涵盖的企业范围不全面。以上九种分类中有七种是针对互联网企业提出的，只有两种涵盖了传统企业，或者非互联网企业，那么其应用范围就会大打折扣，对传统企业难以起到指导性作用。再者，由于互联网仅仅是个应用工具，虽然它能够非常有效地改变企业的商业模式，但是并不能限制商业模式的应用范围。

第二，缺乏统一的商业模式分类标准。Hawkins（2002）认为，目前有关商业模式的文献中缺乏商业模式分类和研究框架的系统性研究，许多商业模式的分类很不严格。例如，上述学者分别从价值链、价值主张、形成路径、提供产品或服务类型、对经济控制程度和价值整合程度、对资产权利出售及涉及资产类型等角度进行分类，分类标准各不相同。由此很难准确识别和区分具体的商业模式，也很难评价每个商业模式所体现的资源特点和基础条件。

第三，未能深入解释商业模式的经济内涵，众多商业模式分类的应用性不强。商业模式分类标准应基于商业模式的根本属性展开。商业模式作为一个企业管理领域的重要概念，其根本属性恰恰在于其经济内涵。造成上述如此众多商业模式分类现象的原因，在于人们对商业模式的内涵概括并没有形成共识，这直接导致了对商业模式分类方式的不同。

3.1.3　分类与普通划分的区别

对商业模式进行分类，就是把所有企业的商业模式作为对象，按照一定的标准，分成若干个小类，以此来揭示商业模式的外延。

对商业模式类型划分按是否以商业模式的本质属性或显著特征为标准可以分为普通划分和分类。普通划分就是以商业模式的一般属性为标准进行的划分，如上述中 Timmers（1998）、Weill 等（2005）提出的商业模式分类，实际上是关于商业模式的普通划分，不能算作严格意义上的商业模式分类。而商业模式分类是根据商业模式的本质属性或显著特征为标准进行的划分，这种划分具有较大的理论价值。

3.2　基于交易结构视角的分类标准

正如之前文献综述中所示，中外学者们从不同角度对什么是商业模式，即商业模式的本质概括多种多样，但笔者认为魏炜和朱武祥提出的基于交易结构视角的商业模式理论更具说服力，并以交易结构的本质属性作为商业模式分类依据，将企业商业模式分为平台型、聚焦型、整合型和全能型四种。

3.2.1 交易结构定义

林桂平等（2014a）认为商业模式本质是一种利益相关者的交易结构。交易结构包括交易主体、交易定价、交易方式等内容，其构成包括六个要素：业务系统、定位、盈利模式、关键资源能力、现金流结构和企业价值。交易主体涉及的是与谁交易的问题，即企业的利益相关者，一般包括“企业的顾客、供应商、销售渠道、联盟伙伴、工会、政府机构、企业所在社区、金融机构等”。交易主体即“利益相关者”，指的是具备独立利益诉求、有相对独立的资源能力、与焦点企业存在交易关系的行为主体。按照传统定义，供应商、渠道、顾客等，是自然的利益相关者。但企业内部某些业务单元，如研发、库存管理部门等，如果从企业中分离出来，也可以视为利益相关者。是否定义为利益相关者，最重要的衡量指标就是相对独立性。包括剥离出来作为一个独立企业，或者独立成为一个事业部。例如，阿里巴巴的网上支付就是一个独立的利益相关者，最终独立出来成了一个公司，即支付宝（中国）网络技术有限公司。

交易方式涉及的是企业与交易主体怎么进行交易的问题，如信息处理的手段和方式、相互授权或颁发技术许可证、购买或租赁等。同样的交易内容可以有不同的交易方式，如果交易方式改变了，企业价值也可能会有所不同，甚至会产生巨大的差别。

交易定价指的是企业与交易主体之间如何进行价值的分配，包括企业的成本结构、成本由哪些利益相关者分摊、收益如何在利益相关者之间进行分配、收入来源、定价模式、收入模式、利润模式和营业收入模式、是提前支付还是一手交钱一手交货或者是分期支付等。

总体来看，该理论从新制度经济学的角度，对商业模式进行了系统的经济解释，从利益相关者的交易结构角度分析了企业的经营管理，能深刻反映企业作为一个社会细胞的真实价值创造和竞争优势获取的本质。该理论更加立足于企业生存和发展的价值内涵，这种价值主张更能反映企业发展、演变的动态性特点。

3.2.2 以交易结构为商业模式分类标准

在众多关于商业模式本质概括的认识中，魏炜（2014）认为商业模式六要素中，核心概念是业务系统，业务系统由构型、角色和关系三部分组成。构型指利益相关者及其连接方式所形成的网络拓扑结构；角色指拥有资源能力，即拥有具体实力的利益相关者；关系指利益相关者之间的治理关系，主要描述控制权和剩余收益索取权在利益相关者之间的配置。通过剖析交易结构理论，可以发现这么一条逻辑脉络：交易结构→业务系统→构型→网络拓扑结构，即交易结构的本质属性在于其利益相关者形成的网络拓扑结构，拓扑结构决定了商业模式的主要特征，也决定了商业模式的主要功能，因此，拓扑结构也就作为商业模式分类的核心判断标准。

综合以上分析，为了弥补当前商业模式分类的不足，本书中将按照商业模式是利益相关者交易结构的理论框架，提出新的商业模式分类思路。

3.2.3　基于交易结构视角的商业模式分类研究

基于交易结构视角，商业模式分类依据对相关企业拓扑结构的判断。价值链理论是商业模式的重要理论基础，因为该理论不但展现了企业创造价值的逻辑，而且价值链上利益相关者之间的多种交易方式构成了交易结构的核心，所以从价值链理论出发，有利于准确判断有关企业商业模式类型。焦点企业在创造价值过程中，分别会涉及企业有关业务，如下：第一，是在单条价值链还是多条价值链上开展？第二，是在同一条或者多条价值链上多个还是单个价值活动环节开展？第三，在创造价值过程中是直接参与业务活动，还是主要提供基础服务？以上三个问题基本决定了商业模式中焦点企业同其他利益相关者在价值创造、传递、分配中各自功能及彼此之间的连接方式，也决定了对应的拓扑结构，所以本书将以上判断依据作为商业模式分类的主要方法。表 3.1 是按照上述提出的三个判断依据制定的。

表 3.1　商业模式的拓扑结构分析

项目	全能型		聚焦型	整合型	平台型			
价值链范围	单	多	单	多	单	多	单	多
价值环节范围	多	多	少	少	多	多	少	少
创造价值活动形式	业务	业务	业务	业务	基础	基础	基础	基础

注：价值链范围单或多代表企业所涉及的单条或多条价值链；价值环节范围少或多代表企业在一条价值链上从事活动范围有少或多个价值环节；创造价值活动形式业务或基础代表创造价值活动形式是直接从事的业务活动，还是间接从事业务活动，间接活动主要指提供基础设施服务类活动。

根据表 3.1 可以分为以下八种情况：（单、多、业务）、（多、多、业务）（单、少、业务）、（多、少、业务）、（单、多、基础）、（多、多、基础）、（单、少、基础）、（多、少、基础）。具体可以表示为三维图，如图 3.1 所示。

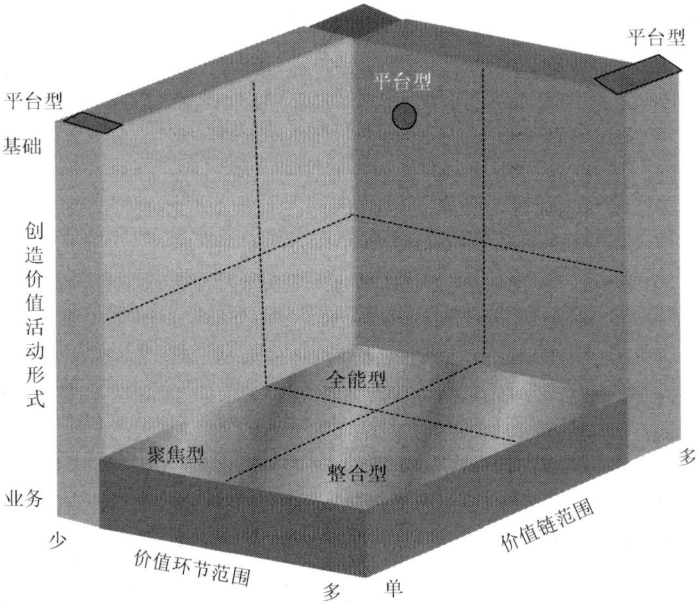

图 3.1　商业模式拓扑结构三维图

基于以上八种情况，分别分为平台型、整合型、聚焦型和全能型四类拓扑结构。

平台型：主要对应（单、多、基础）、（多、多、基础）、（单、少、基础）、（多、少、基础）四种情况，其特征在于平台型商业模式中焦点企业从事的主要是基础设施及相关服务，而并不直接参与价值活动。同时，其业务可以涵盖从单条到多条价值链范围，在价值环节方面，也主要以基础设施相关服务为主。

整合型：主要对应（多、少、业务）情况，其特征主要涵盖多条价值链，涉及少数价值环节，通过整合多条价值链上资源或利益相关者而为客户群提供服务或产品。

聚焦型：主要对应（单、少、业务）情况，其特征与整合型具有极大相似之处，主要区别在于聚焦型主要侧重单个产品或服务价值链，而整合型涉及多个产业价值链。

全能型：主要对应（单、多、业务）、（多、多、业务）两类情况，其主要特征是涉及一条或者多条价值链上多个价值环节，且直接从事价值创造工作。

综合以上分析，基本上根据设定的三个维度，确定八种情况，并且将其分别归为四种类型的拓扑结构，这四种拓扑结构对应的四种商业模式类别分别为平台型、聚焦型、整合型和全能型，以下则针对这四种商业模式类别进行研究。

3.3　商业模式定义、交易结构、要素及运营特点分析

本节将分别针对四种类型商业模式，从各自定义、交易结构、要素及运营特点四个方面分析、研究，以进一步区分四种商业模式类型。

3.3.1　平台型商业模式定义、交易结构、要素及运营特点

1. 平台型商业模式的定义、交易结构

平台型商业模式是指焦点企业通过提供基础设施及交易环境，吸引具有特定需求的多个交易主体，彼此之间通过相互提供产品及服务来满足各自需求，从而实现交易价值的一种商业模式。其交易结构如图 3.2 所示。

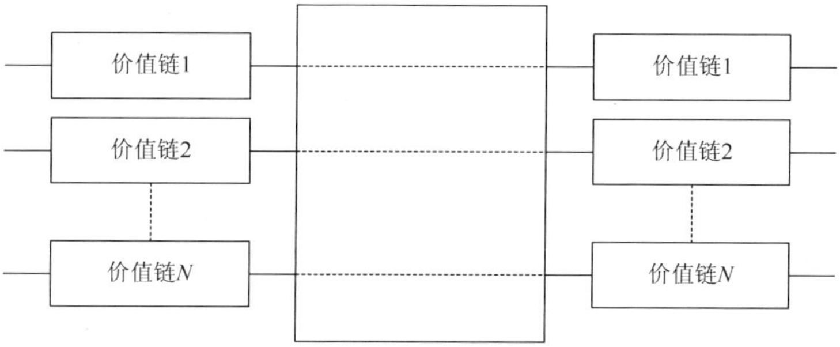

图 3.2　平台型商业模式交易结构图

在平台型商业模式的交易结构中，绝大多数企业都是横跨若干价值链，仅仅在少数环节为其他企业提供平台型服务，即焦点企业本身并不直接参与到业务活动中去，主要是以提供基础设施类服务而获利。采用这类商业模式的代表性企业在互联网领域比较多，如 Facebook、腾讯、阿里巴巴、百度、谷歌公司、Twitter、北京奇虎科技有限公司（以下简称奇虎）、网易公司、新浪微博等；在传统业务领域，有红星美凯龙家居集团股份有限公司、新疆华凌工贸（集团）有限公司、农贸市场、建材市场等。从中可见，平台型企业相对而言，主要以提供信息服务、电子商务、市场交易服务类企业较多，也主要依靠佣金、广告等收费。

2. 平台型商业模式构成要素特点的具体分析

从定位来看，该商业模式主要定位于满足目标客户的交易、交流、信息、数据需求等方面的服务。如大量的电子商务企业、互联网金融公司、视频、互联网旅游公司等，所从事的工作主要就是信息服务、交易、数据需求等基础服务业务。

也正是这些基础服务，有力地推动了双方或者多方之间的交易，从而促进了价值创造，平台企业也正是从这种提供服务中分享相关的价值。在信息传递、储存、处理、分享等方面，互联网具有先天的优势，正是这种优势为大量的平台型企业的诞生创造了极好的技术条件。

从业务系统来看，平台型企业的系统比较复杂，交易主体众多，多达数亿，焦点企业作为平台的搭建方，主要将资源和工作重点投入到能够满足众多利益相关方交易、交流和信息需求的基础设施建设方面，如交易场所、信息的交流、搜索和发布、交易规则制定与维护、资金支付、搭建物流平台等工作，这样能够有效地降低交易主体之间的交易成本和风险。焦点企业的角色更多是作为促进多方交易的组织者，而非直接参与者。

从盈利模式来看，该商业模式收费方式众多，收费内容也最为复杂，大致可以分为收取租金、入场费、分成付费、流量计费、第三方付费等模式。这种复杂性主要来源于业务系统的复杂性和需求及交易方式的复杂性。面对庞大的顾客需求，作为焦点企业必须要针对不同需求特点业务制定个性化的盈利模式，从而导致其复杂性产生。

从关键资源能力来看，主要在于提供平台服务的能力和资源条件，如果是基于互联网的平台，那么，必须要有高效的信息化服务平台，这不但对硬件有很高的要求，对软件同样也有非常高的要求，而且对如何提供高效、方便快捷的途径也有更高的要求。例如，分别基于个人计算机和手机的互联网对电子商务的影响是截然不同的，因为手机为手持终端设备，相对于个人计算机能够摆脱时间和地点的限制，只要有网络，几乎随时随地能够进入网络，开展交易。

从现金流结构来看，该模式的投入在前期巨大，甚至导致经营性现金流长年为负值，所以这需要大量的外部资本性资金长期持续的投入，这样才能保证该商业模式的运营。同时，由于平台型商业模式运营特点是边际成本相对很低，一般一旦突破了正常经营的盈亏平衡点，那么其现金流结构就会出现良性的，且具有正反馈效应的流入；其收入部分绝大多数都是服务性收入，表现出毛利率很高、现金流相对比较稳定的特点。

从企业价值来看，尤其基于互联网的平台型商业模式，其进入壁垒非常高，先发优势也非常明显，一旦能够度过了生存的临界点，且在被资本市场充分地认可后，其企业价值将会放大，会表现出企业利润现状与资本市场上所表现的企业价值之间严重背离的现象。例如，京东商城在上市时处于巨亏状态，但是其企业于 2014 年 5 月 22 日在纳斯达克上市后，市值却达到近 300 亿美元①。

① 观察者网. 2014. 京东在纳斯达克上市：市值近 300 亿美元成中国第三大互联网企业. http: //www.guancha.cn/economy/2014_05_23_231874.shtml[2014-05-23]

3. 平台型商业模式赢取竞争优势运营特点分析

该类型商业模式的运营特点是在传统业务领域相对不是非常突出，但是在基于互联网的企业中其运营特点格外显著。网络效应是平台型商业模式最为显著的且有别于其他类型商业模式的特点。也就是在一个平台上具有的交易主体的数量越多，该平台的企业价值会越大，甚至成倍地增加，即该平台构建出的网络价值与其节点数成正比。可以说获取网络效应是取得平台竞争优势，实现规模经济，赢得先发优势的核心途径。另外，由于该模式具有网络效应及边际成本极低的特点，表现出来平台经营过程中正反馈的特点非常明显，充分表现出强者恒强的经营特点，从而在同类商业模式的平台竞争过程中，常常表现出一枝独大的特点。

3.3.2 聚焦型商业模式定义、交易结构、要素及运营特点

1. 聚焦型商业模式的定义、交易结构

聚焦型商业模式是指焦点企业在价值网络中主要专注于价值链中的少数核心环节，依靠自身关键资源能力，为其他企业提供产品或服务的商业模式。其交易结构如图 3.3 所示。

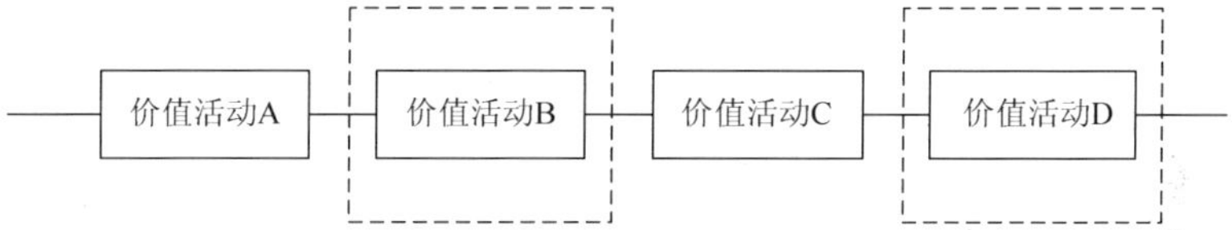

图 3.3　聚焦型商业模式交易结构图

采用此类商业模式的企业众多，既有全球声名赫赫的英特尔、高通公司、微软公司、美国超威半导体公司（简称 AMD）、富士康科技集团等企业，也有众多隐形“冠军”，还有小型专业公司，不胜枚举，如计算机鼠标提供商罗技科技（苏州）有限公司，制鞋类、制衣类、制造轴承及发动机类、专业设计类、培训类、策划类、广告公司等企业。该类型商业模式企业主要聚焦于价值链上少数价值活动环节开展工作，其交易结构也相对简单、清晰。

2. 聚焦型商业模式构成要素的具体特点分析

从定位角度来看，焦点企业主要依靠自身在单条价值链上，围绕少数价值环节上所培育的关键资源能力，为下游客户提供产品和服务。其之所以围绕在少数

价值活动环节，是因为这样更加容易以有限资源和能力专注于少数价值活动环节上，更加容易在市场竞争中取得更好的竞争地位。

从业务系统角度来看，该类商业模式的业务系统相对较为简单、清晰，主要因为该种模式决定了企业从事的业务类型同质化程度很高，规模大小更多表现在数量的不同，数量越多虽然会导致企业组织结构及内在管理的复杂程度提高，但是其业务系统依然是简单、清晰的。例如，英特尔就是生产芯片，虽然从规模角度来看企业很大，但是其供应商、客户、合作伙伴同质化程度还是很高。微软公司规模虽然非常大，但同样是一个聚焦型商业模式的公司。

在关键资源能力方面，采用此类商业模式的企业主要在某个专业领域拥有较强的技术、管理、服务能力或者独特的关键资源来创造价值。例如，英特尔在个人计算机机芯片制造技术方面全球领先；高通公司在移动通信领域具有强大的研发能力，并且拥有众多专利；茅台酒厂在酿酒的水源占有及品牌方面具有关键资源；富士康科技集团在为其他企业进行 OEM（original eguipment manufacturer，原始设备制造商）生产制造方面拥有强大的制造能力。

在盈利模式和现金流结构方面，采用聚焦型商业模式的企业通过提供产品或者服务来满足利益相关者的需要，在产品方面形成的盈利方式相对会比较简单、清晰，而在服务领域则会相对复杂，盈利方式多样。例如，专业租赁公司在出租设备方面，可以按时间、次数、工作量等多种方式收费，也可以是多种收费方式结合起来收费。由于收费方式的多样性，现金流结构也变得丰富多彩。

3. 聚焦型商业模式赢取竞争优势的运营特点分析

聚焦型商业模式是小企业生存发展的基本商业模式，它非常适合在缺少资源的条件下，将有限资源投入少数的核心价值创造环节，并快速培育企业的关键资源能力，并以此构建适应自身的业务系统。随着企业规模的增长，企业有可能会在商业模式方面发生变化，即会从聚焦型商业模式按照继续维持原有模式和向新商业模式转型发展，如苹果公司最初生产个人计算机，采用的是聚焦型商业模式，然后随着企业发展，开始采用整合型商业模式。同时，也利用其提供的 IOS 平台开展分成服务，而在软件服务领域则变成了平台型商业模式，由此形成了整合型加平台型的复合型商业模式。在创造竞争优势等方面，其雷同于整合型商业模式。

3.3.3 整合型商业模式定义、交易结构、要素及运营特点

1. 整合型商业模式的定义、交易结构

整合型商业模式是指企业在价值网络中通过对不同价值链的多个交易主体的

相关资源进行整合，从而形成一个新的价值创造环节，为客户提供设备、应用服务等有关的商业模式。此类企业分布也比较普遍，不仅有北京小米科技有限责任公司（以下简称小米公司）、苹果公司、耐克、阿迪达斯等提供产品类的企业，也有类似 IBM（国际商业机器公司）、GE（通用电气公司）从事工程总承包、技术等提供一揽子解决方案的企业。其交易结构如图 3.4 所示。

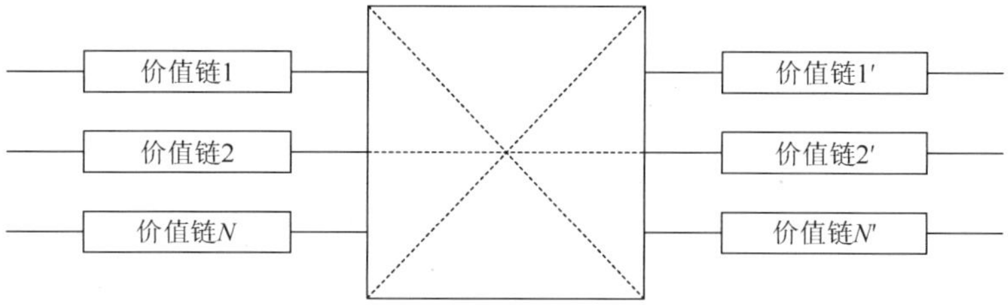

图 3.4　整合型商业模式交易结构图

2. 整合型商业模式构成要素的具体特点分析

从定位来看，整合型商业模式主要是基于自身关键资源能力，高效地整合相关资源而实现业务增值，如当前的小米公司、苹果公司，两者在手机制造方面都是基于研发和营销环节的核心资源能力，通过整合供应链、OEM、物流公司等实现价值创造和获取。另外，耐克、阿迪达斯等服装企业也同样采取类似模式，焦点企业主要围绕自己拥有的品牌、营销和研发设计的核心资源能力，而将生产制造大多数都转移到中国、东南亚等低成本地区，采用 OEM 方式，实现价值创造和获取。在工程服务领域，同样大多数工程公司主要培养研发设计、营销、融资等方面的核心资源能力，通过 EPC、BOT（build-operate-transfer，建设-经营-转让）、BT 等多种方式整合劳务、物资、资金、设计、金融等机构，为客户提供一揽子解决方案。

从业务系统来看，采用整合型商业模式的企业主要涉及多个价值链上的若干环节，主要包括营销和整合方案两部分，有关交易主体数量相对比较有限，交易内容和时间相对也比较具体、清晰，焦点企业同上下游企业之间的契约关系主要包含买卖、担保、质押、承诺等，尤其在大型工程领域业务系统相对较为复杂。例如，一家大型工程企业要为客户提供交钥匙工程服务，而客户当前缺乏资金，承诺在未来以项目的投资收益支付，那么作为一个工程总承包商，就必须要同供应商、银行、担保机构、业主、最终客户形成能够保障各方利益的复杂交易结构，形成多份合作协议才能够保障交易的顺利进行。

从关键资源能力来看，对于该商业模式而言，焦点企业本身具备的整合能力是其成功运行的基础，而本身所拥有的关键资源能力就应该是其整合能力产生或依赖的基础。例如，针对一个大型 EPC 工程企业而言，它本身是个服务型企业，几乎不能生产一个工程所需要的任何设备、材料，但是它却能够通过自身能力去整合相应的社会资源并获得相应的工程项目。那么，一般此类企业所具备的关键资源能力有：第一，市场营销能力，主要是指企业能够及时了解到客户需求，并能够将这种需求转化为具体的订单能力。第二，供应链整合能力，在买方经济小的情况下，不仅仅是比拼能否购买上合适的产品或服务，更加关键的是能否整合供应链，提供低成本、高质量、迅捷的产品或者服务方案。第三，整体解决方案的提供能力，这反映在若干方面，首先，焦点企业要能够提供合适、可行的技术方案。其次，能够提供融资等多方面的增值服务。例如，在很多工程项目中，如果焦点企业想获取某个订单，不仅要求客户具备相应的施工能力和资质，还要求其有相应的融资能力等。

从盈利模式和现金流结构来看，如小米公司、苹果公司、工程企业一揽子解决方案提供商基本都是按照约定合同内容进行。既可以按照一次性交易收费，也可以通过租金等多种方式收费。

3. 整合型商业模式赢取竞争优势的运营特点分析

整合型商业模式与所有商业模式的共同之处在于，都需要深入了解客户需求及潜在需求，围绕细分市场，明确自己的价值主张，并围绕价值主张而投入相应的资源和能力。同样重要的是，采取整合型商业模式的焦点企业为了赢取竞争优势，尤其需要加强整合资源的能力建设，而该项能力就是整合型企业的关键资源能力，也是支撑整个商业模式成功运行的核心。其他的也如此，如果价值主张倡导低成本竞争导向，那么，企业就必须具备低成本产品或服务解决方案的提供能力。如果是差异化导向的，则需要企业具备提供满足差异化需求的解决方案的能力。这里的资源整合并不是简单地组合，而是包含了企业自身的再创新能力或者拥有独特技术或者设计解决方案的能力。这种拥有独特技术或者资源或者设计解决方案的能力可以有效地构建进入该市场的壁垒，能够有效保护企业维持竞争优势，所以为了赢取竞争优势，必须要通过加强管理、技术创新、市场创新等多种途径提高自身的整合能力。而在非关键核心资源能力方面，却可以根据情况而取舍，将有限资源配置在最能够创造价值的环节或领域。

3.3.4 全能型商业模式定义、交易结构、要素及运营特点

1. 全能型商业模式的定义、交易结构

全能型商业模式是指焦点企业业务范围在价值网络中涵盖了一条以上价值链

及价值链的大部分环节，并且其为终端客户所提供产品或服务所需要的原材料、半成品甚至部分成品都是由自身内部供应，其体系相对比较封闭。该模式与聚焦型商业模式处于两个极端。全能型商业模式交易结构如图3.5所示。

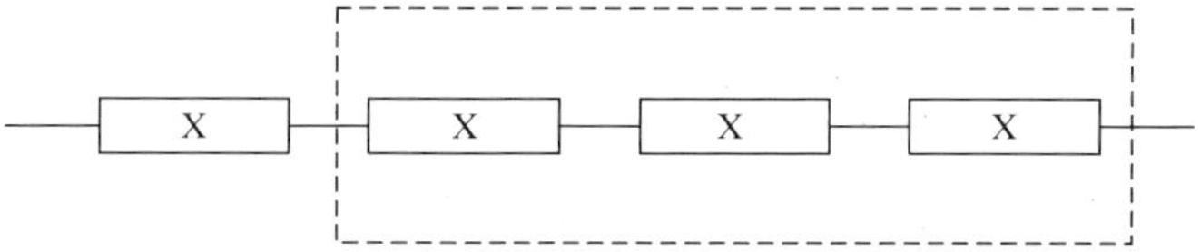

图3.5 全能型商业模式交易结构图（X代表价值活动）

采用此类商业模式的企业在资源类产业中较多，如BP公司（英国石油公司）、美孚石油公司、中国石油天然气集团有限公司（以下简称中石油）、中国石油化工集团有限公司（以下简称中石化）、中国宝武钢铁集团有限公司（以下简称宝钢）、中国铝业股份有限公司等。在高科技领域中，中国采用这种商业模式的国有企业较多，如中国航空工业集团有限公司。在光伏、风电、食品等制造业中也存在部分企业。

2. 全能型商业模式构成要素的具体特点分析

从定位来看，焦点企业从事的业务活动涵盖了多条价值链及价值链上的大多数环节，成为该价值链上有关资产的所有者、生产经营活动者、技术的开发应用者，绝大多数最终产品和服务都是由企业内部完成。

从业务系统来看，该类企业与外部利益相关者交易结构相对较为简单，但是内部的业务系统及组织结构相对复杂。例如，绝大多数石油、石化、大型钢铁厂都是这种模式，虽然它们与利益相关者的交易结构比较简单、清晰，但是其内部组织结构却非常复杂，所管理的人员通常达几十万，遍布全球各地，所拥有的资产也都达到了千亿甚至万亿级别。

从关键资源能力来看，必须要有强大资本实力、高效全产业链管理能力、多个关键环节具有竞争力的技术实力，否则，难以构建该类型商业模式。

从盈利模式和现金流结构看，该类企业主要盈利模式也是多样的，既可以是通过市场出售产品而获取相关利润，也可以是出租等多种方式盈利。在其现金流结构方面也与盈利模式设计相一致。

3. 全能型商业模式赢取竞争优势的运营特点分析

全能型商业模式，是指企业运营各环节核心业务并拥有各方面关键资源能力的商业模式。因此采用这种商业模式的企业，理应是具备综合能力体系的大型企业。这类企业既不同于采用聚焦型商业模式的企业，仅仅只要求在个别核心价值创造环节表现突出；又不同于采用平台型商业模式的企业，重点要求企业提供平台的能力和水平；也不同于采用整合型商业模式的企业，强调企业的超强资源整合能力。采用这类商业模式的企业其业务系统具有内在的系统性、技术要求方面的专业性、管理方面的复杂性等，其盈利模式相对简单，因此，全能型商业模式赢取竞争优势的关键，在于强化企业的综合能力体系。

上述对商业模式的分类，其角度不仅涵盖了战略型要素，主要包括价值、定位、关键资源能力三要素，也包含了运营类要素，主要包括业务系统、现金流及盈利模式三要素，体现了较强的整合型特点。

在实践中，商业模式直接决定了企业创造价值或价值获取的逻辑，也直接决定了利益相关者之间交易结构的差异性，具体表现为交易成本、交易价值或交易风险的差异性，而这些差异性直接深刻地影响企业的经营绩效，所以焦点企业在战略确定之后，要将商业模式的选择和设计作为管理的重点。本书所提出的四种商业模式构成了各类企业采用的具体商业模式的分析基础，以下为四种商业模式的特征分析。

3.4 四类商业模式的特征对比分析研究

通过以上对四类商业模式的叙述，可以对四类商业模式做出以下简要的分析与总结，如表 3.2 所示。

表 3.2 四种商业模式的比较分析

商业模式类型	四种商业模式特征对比分析
平台型商业模式	平台企业依靠提供基础设施，通过提供服务而吸引各方进驻该平台。当前绝大多数平台型企业都是依靠互联网实现的平台建设。平台起到中介的作用，连接买方和卖方或连接多方群体，网络外部效应对平台企业的成功起着至关重要的作用，向哪一方群体收取费用也是平台企业成败的关键因素，如何提高平台所连接群体的质量和数量是平台企业决策所考虑的关键要素
聚焦型商业模式	将业务活动定位于主要价值链活动中的某一个或几个少数环节，企业由于从事专业化的活动，并提供与焦点企业关键资源能力相关的产品或服务，如何围绕所处价值活动环节，降低成本、提高差异化、提高活动的价值、提高活动在价值链上的重要性、提高创新能力等是聚焦企业决策的焦点
整合型商业模式	企业凭借自己在价值链中一种或几种能力，通过为客户提供相关产品或服务来协调价值链中的活动。采用整合型商业模式的企业通常将业务定位在创造价值较高的且能够整合多个价值链业务的活动环节，而完成创造价值的活动。如何提高企业业务活动在整个价值链活动中的重要性、如何维持加强企业在价值链中的领导地位和提高创新能力是企业决策的焦点
全能型商业模式	全能型企业一般具有较强的实力（包括在财务、渠道、设计、营销、服务、制造等环节），企业可以通过进入新的行业，为核心行业的可持续发展和提高国际竞争力提供支持，而核心行业则是企业竞争优势和盈利能力的主要来源，全能型商业模式可以保证原材料的供给或者销售渠道的顺畅、提高进入壁垒、增加产品差异化、降低成本和降低行业内的竞争强度。如何充分利用现有的资源、加强核心业务、提高创新能力、提高差异化、提高管理能力和降低管理成本、保证产品质量等成为企业决策的焦点

3.5　产品服务边际成本对商业模式创新的影响分析

竞争战略-商业模式匹配矩阵为商业模式创新提供了分析工具，其核心逻辑在于：公司竞争战略确定以后，为实现战略目标，选择与之匹配的商业模式，并通过商业模式创新，打造具有价值创造能力的企业，但是在具体商业模式创新方面，焦点企业所能够提供产品或服务的边际成本对所要设计的商业模式具有重要影响。正如杰里米·里夫金在《零边际成本社会》中所说，“IT、电脑、自动化、大数据算法和人工智能嵌入互联网，正在使生产过程和提供丰富多样商品及服务的劳动力边际成本快速下跌，直至接近零”，任何企业提供产品或服务都要承担相应的边际成本，边际成本可以分为“大于零”和“等于零”两种情况，前者又主要存在传统产业中，而后者主要存在于互联网等信息服务产业。

3.5.1　当边际成本趋于零时，有关商业模式的创新

在边际成本趋于零的情况下，产品服务可以采用免费方式提供，这样可以极大丰富商业模式创新的机会和空间。在“互联网 + ”应用情况下，部分互联网产品或服务具有的特点在于其生产的边际成本趋于零，具有了无限供应的能力，这也为平台型商业模式提供了基础。具体逻辑为：焦点企业通过低价或者免费向客户群提供产品服务，能够吸引大量客户群，形成平台，然后从广告、信息内容、交易、流量等方面进行变现，形成企业盈利增长点，这样一个平台型商业模式就能构造成功。

由于边际成本趋于零，并能够吸引数亿人的客户群体，在该领域该类企业不胜枚举，且所形成的平台型企业都具有巨大的规模，呈现出强者恒强的寡头垄断的竞争格局。例如，奇虎是利用软件产品边际成本为零的特点，成功实现商业模式创新的企业。最初国内外杀毒软件企业都是通过出售杀毒软件获取利润的模式生存的，如果杀毒软件边际成本远大于零，那么企业之间的竞争点就在于产品成本或者性能了，但是在边际成本趋于零的情况下，奇虎面对着众多杀毒软件竞争对手，直接宣布向消费者免费提供软件或服务，并且围绕安全推出了安全桌面、安全浏览器等新产品，这些产品服务吸引了大量的消费者，由此形成平台，并通过广告、流量等变现方式，对第三方利益相关者进行收费，从而将原有的聚焦型商业模式转变为平台型商业模式的企业。

再者，微软公司在个人计算机领域内是一个向市场以一定价格出售其操作系统及配套软件的企业，其商业模式也是聚焦型，由于其良好的经营策略和发展眼光，在当前软件领域也是领导者，但是反观在移动领域内，微软公司却难以按照

其原有商业模式获得有效发展，因为该领域的统治者主要是谷歌公司，它们也充分利用了软件产品边际成本趋于零的特点，在手机、平板等移动领域内，直接采用免费模式向制造商提供 Android 操作系统，形成了移动互联网络领域的平台，并且配套谷歌公司自身的搜索引擎、应用商店等产品，通过向广告商等收费方式实现了企业快速增长，并且在市值领域超过微软公司，虽然现在微软公司通过收购诺基亚公司等多种方式，欲在此领域获取突破，但是市场并不认可，从而使微软难以融入移动互联网时代。

根据以上案例，认为在边际成本趋于零的产品或者服务领域开展竞争，如果企业要拥有成功的商业模式，企业必须分析自己是否能够形成市场垄断能力，这直接决定了企业后续的商业模式和经营策略。假如焦点企业具有垄断能力，能够凭借其关键资源能力结合市场状况，有效阻碍新进入者，维持具有利润的垄断价格，那么企业可以通过直接销售产品或服务方式获取利润；假如焦点企业没有垄断能力，即市场消费者能够轻易选择替代品及其他供应商或者竞争对手也能够提供同质化的产品，那么通过出售产品服务获取利润的方式基本上不可取，可以考虑通过将产品或服务免费，吸引大量客户，形成规模化的平台，通过向第三方进行收费方式实现盈利，否则必然会被颠覆。

在中国比较经典的案例就是，二六三网络通信股份有限公司曾经是中国免费电子邮箱领域的领导者，但是在 2002 年 5 月 21 日对所有用户进行收费，结果导致大量客户群直接转移到网易公司等网站上，从而导致二六三网络通信股份有限公司直接丢失了大量客户，企业发展受到重挫，相反，网易公司却从一个跟随者迅速成为免费邮箱领域的领导者。

在非互联网领域，同样也存在边际成本趋于零的情况，此种情况下，也存在多种商业模式，单纯通过免费方式提供产品服务且能够实现盈利的商业模式较少，一般要么直接依靠出售产品服务获取利润，要么就是多种盈利方式的组合。例如，在风电、光伏等能源领域，一旦投资完成后，后续发电的边际成本趋于零，基本上就是依靠出售电力而获取利润；证券交易所、农贸市场、义乌商品城等形式的业务，其边际成本也趋于零，但是其商业模式一般主要通过收取租金和佣金提成的方式实现盈利。

3.5.2　当边际成本大于零时，有关商业模式的创新

边际成本大于零时，意味着企业提供的产品或服务都必须支出成本，相关资源是稀缺的。根据经济学原理，企业实现利润最大化的条件是：MR = MC（边际收益=边际成本）。那么，在正常生产经营中，企业所供应产品服务的价格也将高于或等于 MC。根据供给需求曲线，当产品服务价值大于 MC 时，企业所提供的

产品服务的数量也必然是均衡点，而该均衡点就限制了最大供应规模，这样实现盈利的途径相对就比较单一了，难以形成平台型商业模式。在现实生活中，绝大多数物品和服务都属于此类型。此情况下，所采用的商业模式主要有整合型、聚焦型和全能型三种。

综合以上两点，可以得出的结论为平台型商业模式基本上是以提供产品服务的边际成本趋于零作为条件的，所以在互联网时代众多平台企业兴起，其主要原因在于互联网为消费者提供服务的边际成本很低，基本趋于零。

3.6　小　　结

本章首先分析了商业模式的分类现状，指出其中存在的问题，提出了以利益相关者的交易结构作为判断商业模式分类的逻辑依据。其次，从企业所从事业务的特点、所涵盖的价值活动环节及横跨价值链的范围出发，将现有企业商业模式分为平台型、整合型、聚焦型和全能型，并对每类商业模式进行了阐述、分析、例证和对比，并在最后一节，从经济学角度出发，提出了企业提供产品服务的边际成本是影响商业模式创新的重要因素，并进行了剖析，为研究商业模式创新提供了新思路。

第4章　光伏企业战略、商业模式比较研究

光伏行业是新能源产业中的重要发展领域，不但在最近10年实现了迅速的发展，而且在未来会继续保持高速发展，成为地球上主要的能源供应形式。从事光伏业务的企业也在该行业的快速发展中涌现出一批时代弄潮儿。在此，分别选择了国内外相关企业开展商业模式方面的比较分析研究，并且从中发现在商业模式创新过程中呈现出来的特点和内在规律，为后续构建商业模式创新理论提供依据。

4.1　光伏行业及相关企业简介

为了能够清晰地开展本章中所提到的七家典型光伏企业商业模式的比较研究，本节针对光伏行业情况对相关企业进行了简要介绍，以便清楚了解该行业经营中的主要特点。同时，也分别针对每家企业情况，给出了每家所对应的商业模式图，以便为下面比较研究提供参考基础。

4.1.1　光伏行业简介

从世界范围来看，光伏产业正在迅猛发展，当前年需求量为57GW，并且从现在到2020年，全球市场需求量年增长速度保持在9%以上，由于中国企业具有很强的低成本竞争优势，经过15年左右的发展已经成为全球光伏产品制造大国，其中有关组件等产品占据了全球70%以上的市场份额。在光伏电站装机方面，随着国家大力扶持新能源产业的发展，每年新增装机容量15GW，当前已经成为全球累计装机容量最大的国家。在光伏行业内主价值链上，主要分布了多晶硅、硅片、电池片、组件等产品制造企业及从事EPC工程、设计、咨询、电站运营、投资等业务的服务企业，目前国内有数千家企业活跃在该领域，其中常州天合光能股份有限公司（TSL，以下简称天合光能）、协鑫（集团）控股有限公司（以下简称协鑫）、中民新能投资有限公司（以下简称中民新能）、新特能源股份有限公司（以下简称新特能源）、顺风国际清洁能源有限公司（以下简称顺风清洁能源）、熊猫绿色能源集团有限公司（以下简称熊猫绿能）、SolarCity公司这七家企业具有较强的代表性，且除了中民新能以外都是香港、美国上市的公司。

4.1.2　天合光能发展简述

天合光能是全球最大的光伏组件供应商和领先的系统集成商之一。公司于 1997 年创立于江苏省常州市，2006 年 12 月 19 日，天合光能在美国纽约证券交易所上市，并于 2007 年 6 月成功引入资本。公司业务涉及单晶、硅片、组件、系统安装及光伏电站的建设、运营等领域，实现光伏产业链的垂直一体化整合，给全球的民用、商用及公共设施提供源源不断的可靠、环保的电力能源。公司 2015 年实现销售收入 30.35 亿美元，净利润 8634.7 万美元。其商业模式如图 4.1 所示。

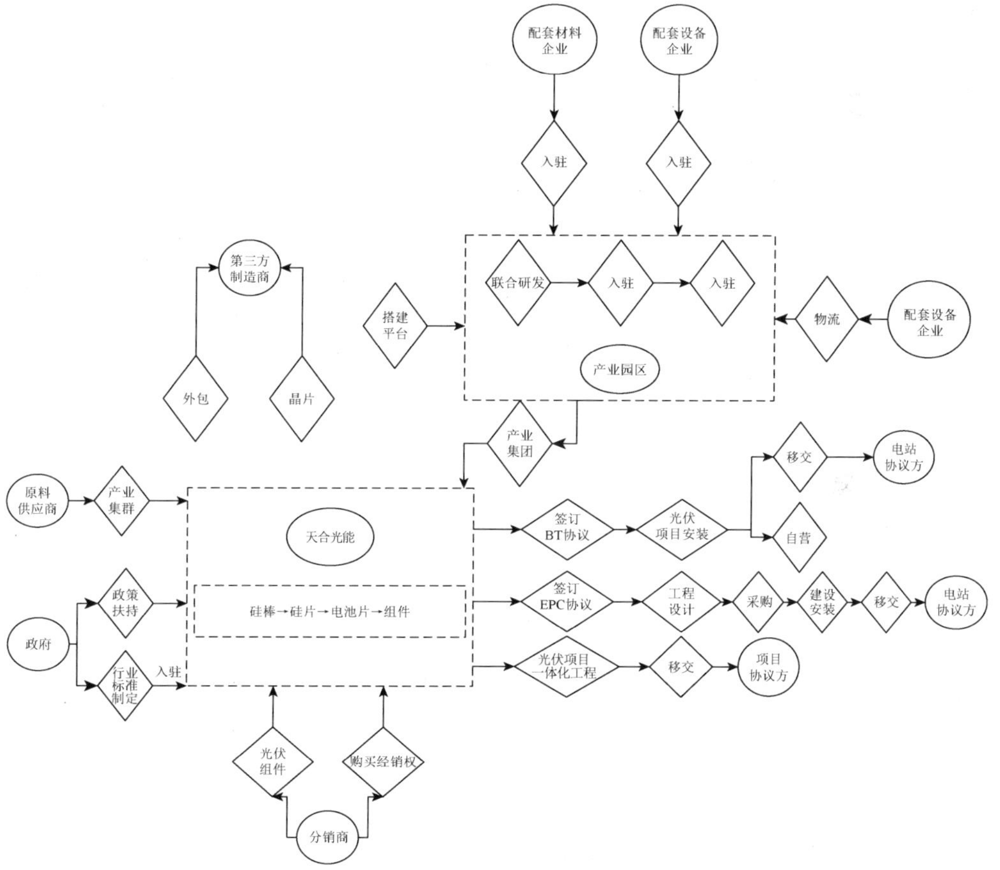

图 4.1　天合光能商业模式图

4.1.3 协鑫发展简述

协鑫总部位于香港，2007 年 11 月在香港上市，是从事从多晶硅一直到光伏组件制造及工程 EPC、光伏电站投资运营业务的全产业链公司，资产总额超 1000 亿元，保利协鑫 2015 年实现净利润 24.25 亿元，销售收入 217.66 亿元①。其商业模式如图 4.2 所示。

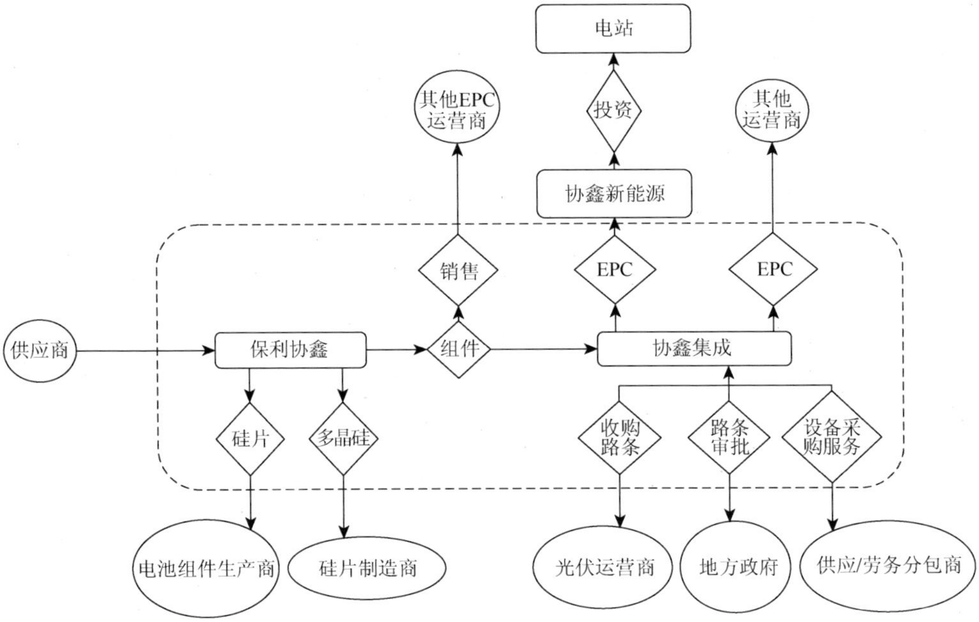

图 4.2　协鑫商业模式图

4.1.4 中民新能发展简述

中民新能在 2014 年 10 月 29 日注册成立，注册资金 80 亿元，主要业务类型为新能源领域的项目开发、投资、建设和运营维护。其以投资运营光伏电站为基点切入光伏产业，并以此为依托创新能源产业的发展思路，在五年内投资 2000 亿元，实现累计光伏装机容量 20GW，将中民新能打造为新能源领域国内一流的民营新能源投资运营集团。其商业模式如图 4.3 所示。

① 中国资本证券网. 保利协鑫 2015 年实现净利润 24.25 亿 毛利率提升至 27%. http://money.163.com/16/0324/17/BIULDO1700253B0H.html

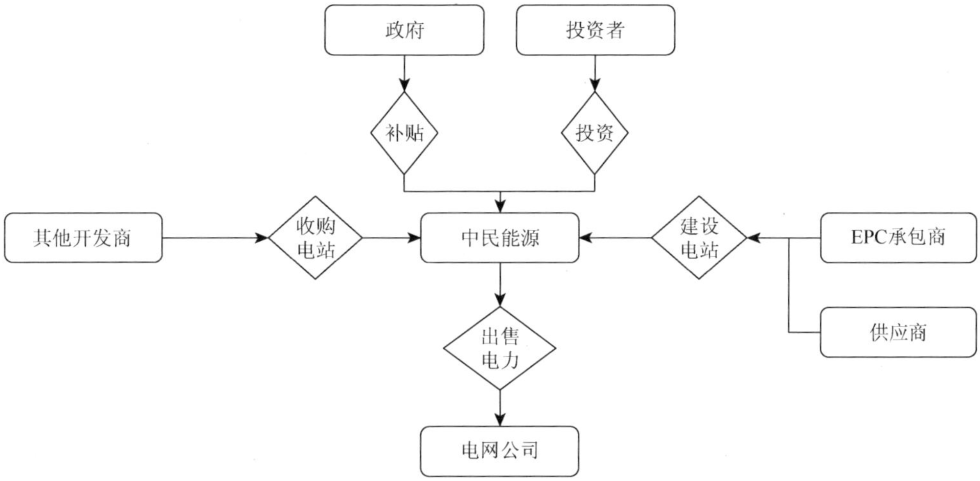

图 4.3　中民新能商业模式图

4.1.5　新特能源发展简述

新特能源成立于 2008 年，于 2015 年 12 月在香港上市，主要从事光伏工程业务和多晶硅生产制造业务。在工程业务领域，已经形成以光伏 PC（工程采购与建设）、EPC 或 BT 等模式为主的工程服务，拥有全球第二、中国第一的光伏 EPC 能力，在多晶硅领域，年产 2 万吨，排名全国第二，全球第五，截至 2015 年，年收入实现 94 亿元，员工人数约 5000 人。其商业模式如图 4.4 所示。

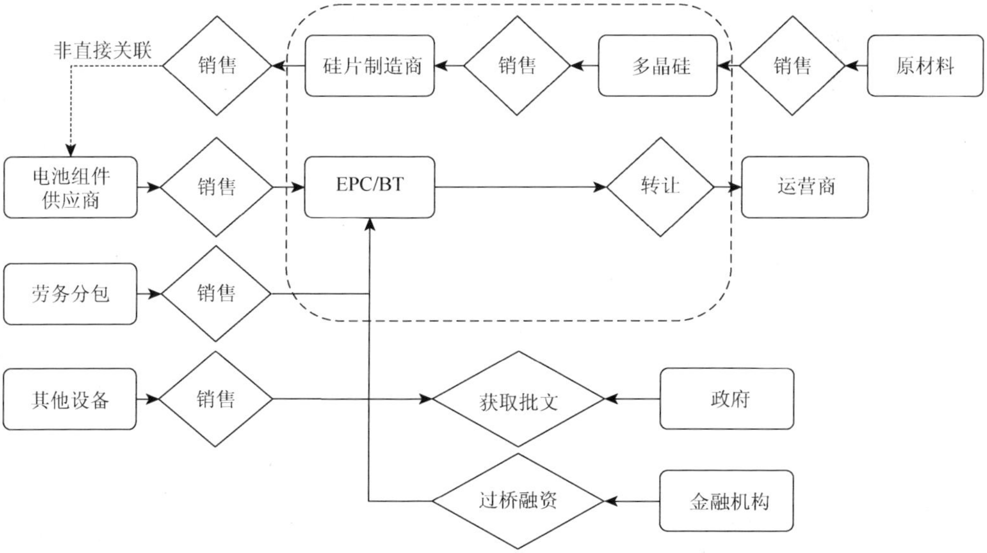

图 4.4　新特能源商业模式图

4.1.6 顺风清洁能源发展简述

顺风清洁能源注册成立于 2010 年 8 月 6 日，2011 年 7 月 13 日在香港上市，该公司主要从事太阳能发电站建设与营运业务、光伏组件制造业务，并同时致力于开发及经营其他清洁能源业务。2015 年，顺风清洁能源取得收入 703 237.40 万元，较 2014 年增长 22.4%，收入增长的主要原因为太阳能产品销售量的增长及太阳能发电收入的提升。年内净利润 5796 万元。其商业模式如图 4.5 所示。

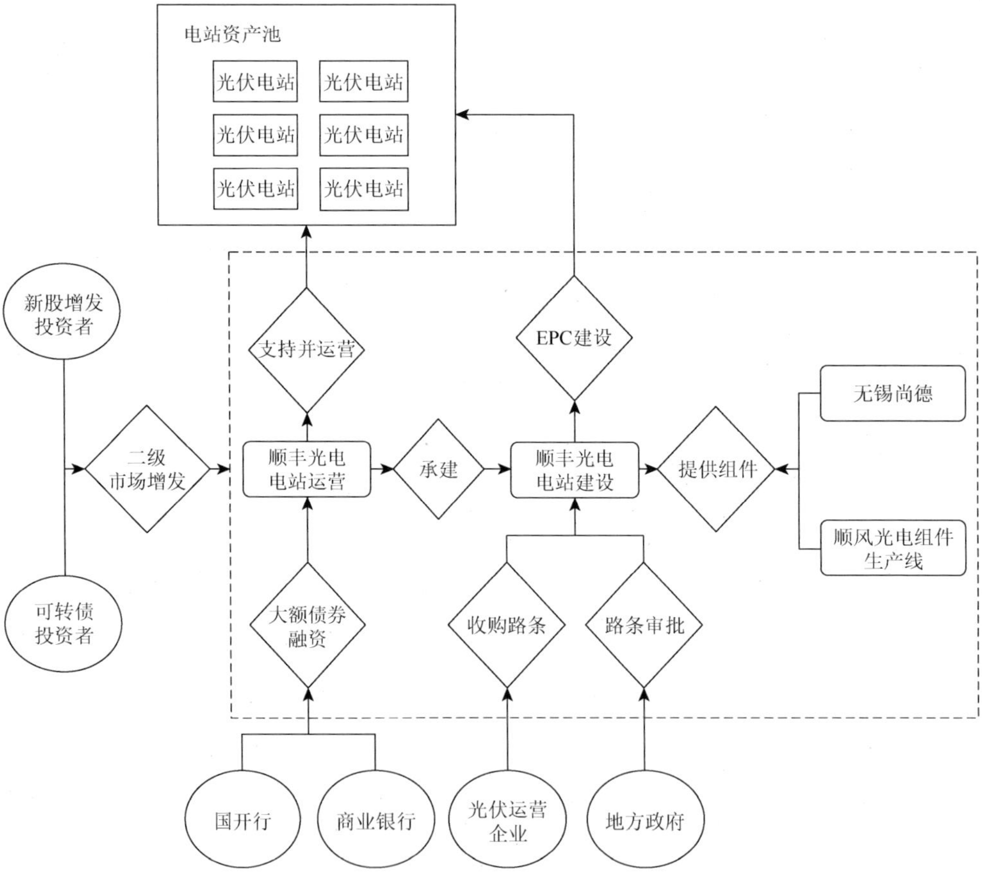

图 4.5　顺风清洁能源商业模式图

4.1.7 熊猫绿能发展简述

熊猫绿能于 2000 年 2 月 3 日注册成立，在 2000 年 4 月 13 日，实现香港上市，该公司主要专注于快速增长的中国太阳能发电站市场。2015 年营业收入 63 067.4 万元，净利润 36 067 万元。其商业模式如图 4.6 所示。

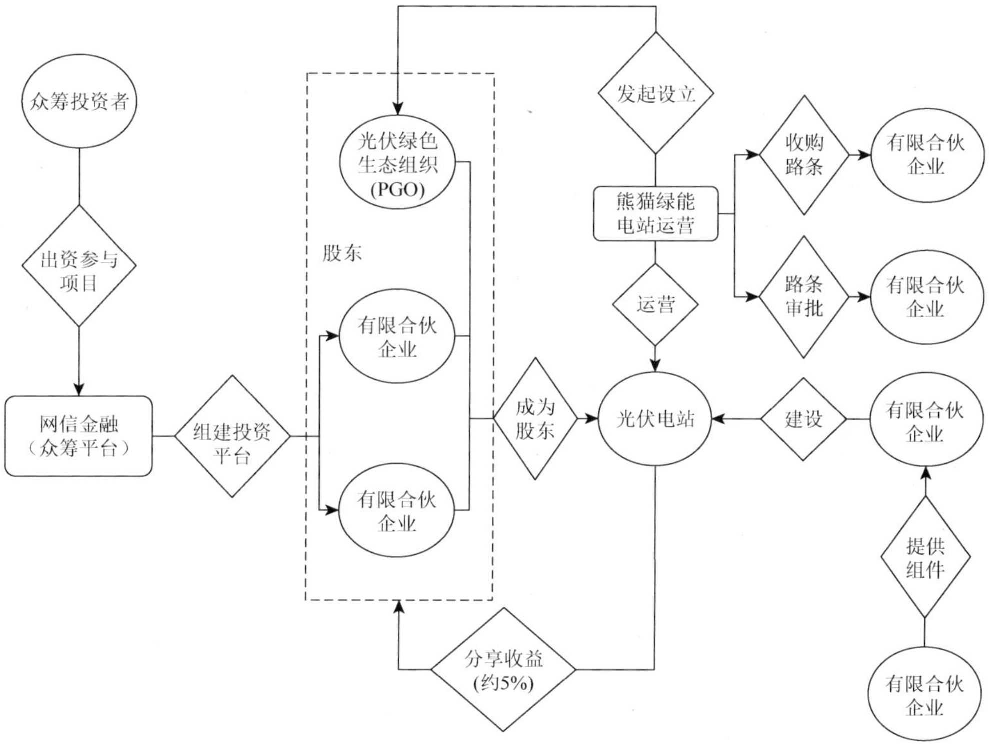

图 4.6　熊猫绿能商业模式图

4.1.8 SolarCity 发展简述

SolarCity（SCTY）公司于 2008 年 10 月成立，2012 年 12 月于美国纽约证券交易所上市，位于加利福尼亚州福斯特城。SolarCity 公司可提供太阳能发电系统设计、安装、融资、监控等全面的太阳能服务①。公司 2015 年实现销售收入 3.996 亿美元，净利润–7.68 亿美元。其商业模式如图 4.7 所示。

① 百度百科词条. 2015. http://stockpage.10jqka.com.cn/SCTY/company/

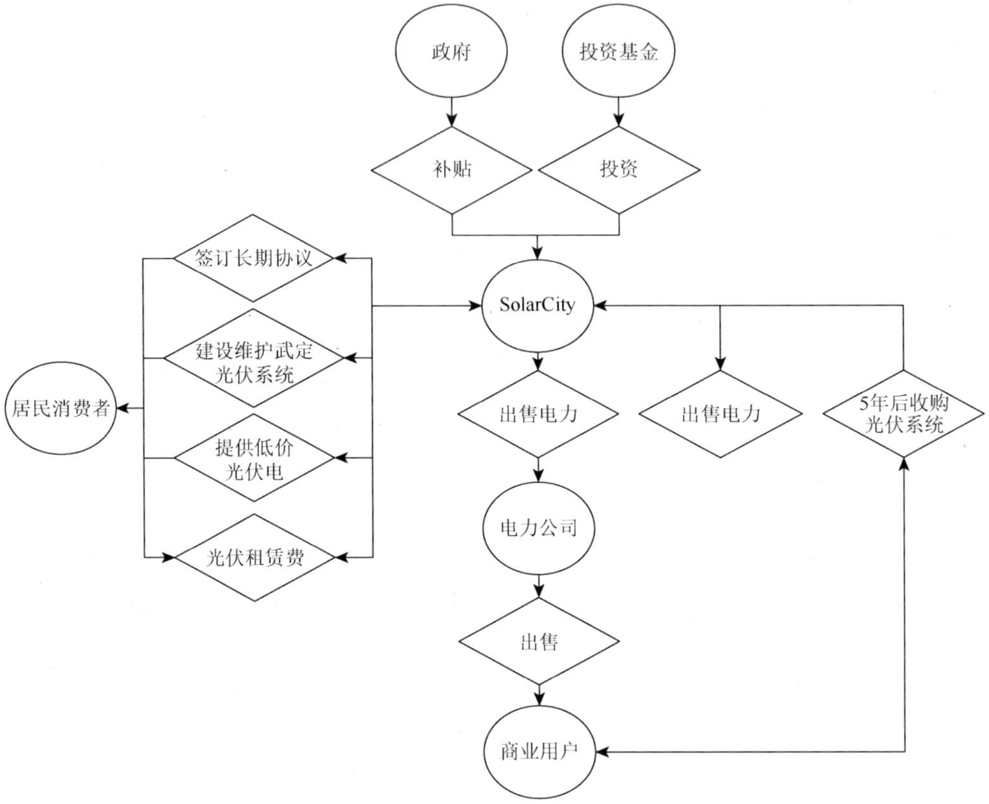

图 4.7　SolarCity 公司商业模式图

4.2　企业产业战略布局及竞争战略分析

由于企业的产业战略布局、竞争战略直接决定和影响了企业商业模式的选择、创新策略和创新路径，所以本节对该方面问题进行具体分析。

4.2.1　产业战略布局比较分析

光伏行业主要价值链包括光伏电站运营、EPC 或者 BT 业务、组件、电池片、硅片、多晶硅制造这六个环节，而因为每个企业有着自己的发展战略、关键资源能力、发展环境及发展历史等，也由此每个企业都展现出各自不同的发展思路，也各自形成相对应的产业布局，具体如表 4.1 所示。

表 4.1　主要光伏企业布局图

企业	电站运营	BT/EPC	组件	电池片	硅片	多晶硅
天合光能	★★★	★	★★★★★	★★★★★	★★★	
协鑫	★★★★	★★★	★★★★	★★★★	★★★★★	★★★★★
中民新能	★★★★★					
新特能源		★★★★★				★★★★★
顺风清洁能源	★★★★	★★	★★★★	★★★★	★★	
熊猫绿能	★★★					
SolarCity	★★★★	★★★				

注：1. 横向标注了光伏产业链上相关业务，其中从左到右分别为电站运营、BT/EPC、组件、电池片、硅片和多晶硅；2. 纵向是相关企业名称；3. 标出的★具体表示为在所对应的业务方面具有布局，★越多，代表该公司在该业务领域的竞争力越强，五个★意味着在全球范围内具有很强竞争力。

首先，在业务布局方面，协鑫在价值链上布局最长，涵盖了从光伏产业链上多晶硅到电站运营的全部环节，且在多晶硅、硅片领域具有非常强的竞争优势，全球排名第一，在电池片、组件和电站领域具有一定的竞争优势。其次，天合光能和顺风清洁能源两家公司，除了多晶硅环节没有介入以外，也都全面地进行了产业布局，其中天合光能在组件、电池片领域具有很强的竞争优势，全球排名第一；顺风清洁能源相对而言在电站运营、组件、电池片领域竞争力较强，其余竞争力一般。再次，新特能源主要涉及两个环节，电站 BT/EPC 业务和多晶硅业务，其中电站 BT/EPC 业务在全球排名第一，多晶硅业务在中国排名第二、全球排名第五，具有很强的竞争优势，在其余领域涉及很少，可以忽略不计。最后，有关中民新能、熊猫绿能、SolarCity 公司三家公司在产业布局上更加倾向于电站运营环节，但是三者之间既有共同之处，又有区别。

4.2.2　企业竞争战略分析

光伏行业属于能源产业，最重要的功能就是为社会提供稳定、可靠和廉价的电力。而作为能源产品的属性也就直接决定了光伏行业作为能源产品的提供者所采用的竞争战略。从生产角度来看，当前社会中应用的电力产品主要由燃煤电厂、燃油燃气电厂、水力发电、风力发电、光伏发电、生物质发电等不同类型的发电厂提供，这些产品全都是同质化的产品，如果剔除发电过程中所产生的污染等因素，这些不同类型的电厂所生产的电力产品只有成本上的差异，且彼此之间存在着完全替代性。因此，无论什么类型电厂，其经营核心就在于如何全力降低电力供应的成本。从需求角度来看，对于消费者而言，电力产品在品质上是完全无差异的，是纯粹的功能化产品，是否消费哪一家供应的电力产品，判断标准具有唯一性，即价格。

由此可见，面对高度同质化产品时所可能采取的竞争战略也只能是低成本竞争战略，由此导致了该行业中绝大多数产品、服务商都必须遵循这一规律，去实施低成本竞争战略，降低发电成本。虽然可能会在部分产品或服务上实施差异化，但是主流方向都是朝着实现平价上网，能够和传统能源竞争的战略目标努力。由此，本章中所提到的企业也都实施低成本战略，这样也决定了其在商业模式创新策略方面是和低成本战略相匹配的，会形成成本驱动型创新模式。

4.3　商业模式对比分析

下文中主要针对这七家企业的商业模式进行分析，分为两个层面：首先，辨别七家企业商业模式分类，分别从各企业所从事业务是否跨价值链、是否涵盖了多个价值环节及从事业务是否属于基础性业务三个维度入手，分析七家企业是否属于平台型、整合型、聚焦型、全能型四种商业模式类别及其中的哪一类。其次，从企业商业模式构成要素角度分析，这样能够更加深入各个企业商业模式的细微部分，发现存在的共同点和区别。

4.3.1　商业模式类型比较分析

基于前面针对企业商业模式类型确定的判断依据，主要从企业所涵盖的价值链是多条还是单条，业务在价值活动环节上主要从事少数活动环节，还是多数活动环节，创造价值方式是直接参与到具体产品或者业务之中，还是提供基础服务三个方面入手分析。具体分析结果如表 4.2 所示。

表 4.2　光伏企业商业模式类型对比分析表

项目	天合光能	顺风清洁能源	协鑫	新特能源	熊猫绿能	中民新能	SolarCity 公司
价值链范围	多	多	多	多	多	多	多
价值活动环节	多	多	多	少	少	少	少
创造价值	业务	业务	业务	业务	业务	业务	业务
商业模式类型	全能型为主	全能型为主	全能型为主	多晶硅聚焦型工程业务整合型	整合型	整合型	整合型

从表 4.2 可以看出，天合光能、顺风清洁能源、协鑫三家公司主要的商业模式是以全能型为主，也就是这三家企业从事的光伏业务基本上都涵盖了硅片、电

池片、组件、BT/EPC 业务、光伏电站，它们不仅仅从横向来看横跨多条价值链，从纵向来看，也涉及价值链上多个活动环节，且又都是以提供产品为主的企业。书中所判断的以“全能型为主”的商业模式的内在含义在于：当企业规模比较大，且涉及众多产品时，是判断整体企业商业模式还是判断局部业务的商业模式，这时候容易产生分歧。一般从整体上来看，主要以在销售收入和利润方面占据主导地位的业务为判断标准，如果主营业务不突出，就会被视作由若干商业模式组合而成。

中民新能、熊猫绿能、SolarCity 公司三家企业主要都是整合型商业模式，因为各自虽然都横跨了若干价值链，但是主要布局在价值活动少数环节方面。其中，新特能源的商业模式为聚焦型和整合型的结合，因为该公司主要开展多晶硅生产和工程业务两大部分业务，而两部分业务旗鼓相当，且两种业务在内部经营方面不存在协同效益，这一点和上述三个全能型公司有很大区别，所以在此判断其商业模式为聚焦型和整合型商业模式组合而成。

4.3.2　商业模式六要素对比分析

为了更加深刻、详细地比较分析七家商业模式的共性和个性，为后续深入研究提供依据，现在利用魏炜、朱武祥的商业模式六要素模型，分别从商业模式有关定位、关键资源能力、业务系统、盈利模式、现金流结构、企业价值六个维度切入分析，具体内容如表 4.3 所示。

表 4.3　光伏企业商业模式六要素对比表

	定位	关键资源能力	业务系统	盈利模式	现金流结构	企业价值
天合光能	以制造光伏组件及太阳能电池为主；兼顾系统解决方案及光伏项目 BT/EPC 等	垂直一体化的产业园区；充足的项目来源；较好的资本结构；全球化销售组织网络；与全球领先的光伏研究机构合作；专利；较好的资本结构；全球化销售组织网络技术创新能力；盈利能力；与供应商讨价还价的能力；行业标准制定能力；良好的成本控制能力	采购硅料，进行硅棒、硅片、电池片、组件产业链式生产，外部依托政府政策支持、第三方制造商的晶片外包生产及分销商产品分销与电站/项目协议方开展BT/EPC电站的设计、安装、采购、建设、转交、自营合作，利用产业园区优势，与入驻的配套企业进行联合研发	收入来源：电站开发商、运营商；出售产品获取收入；提供工程服务获取收入	经营净现金流主要依托投资、产品销售及提供服务获取；融资方面：依托资本市场、银行、债券市场实现融资	营业收入 303 551 万美元，净利润 8634.万美元；总市值 9.13 亿美元（以上数据来自 2015 年财务报表）

续表

	定位	关键资源能力	业务系统	盈利模式	现金流结构	企业价值
协鑫	光伏制造、系统集成、电站开发、海外投资、金融资产等方面提供一站式全产业链综合能源金融服务	多晶硅生产基地；全球化销售组织网络；与科研院所合作；专利资质能力；专家型团队；丰富的开发、建设及运维能力；科技创新能力；产业链上下游的协同能力；资本优势、品牌优势；产品成本控制能力	主要从事为光伏业内公司制造多晶硅及硅片；在光伏行业供应链中，下游生产商会对硅片进行进一步加工以生产光伏电池及组件；进行光伏电站的投资及运营	太阳能级和半导体级的多晶硅原料产能销售取得收入，针对不同区域、不同类型、不同规模光伏发电系统提供技术设计服务，提供最优设计方案，提供基于差异化的超高效组件的系统集成包	全年为正现金流阶段；现金流入大于流出；融资方式——项目融资租赁、发债	营业收入216.66亿元，净利润27.26亿元（以上数据源自2015年财务报表）；总市值236.06亿港元
中民新能	专注新能源投资运营集团，并将相关资产进行证券化	擅长资本运作，融资成本较低，资金充裕；开发项目能力强	从事电站资源审批、收购路条或光伏电站；从投资者处开展融资活动；针对电站开展建设工作，并在电站建成后开展运维；将电站进行资产证券化工作	收购电站、运营收入、提供运维服务收入。主要支出来自于收购成本、销售成本、建设成本、运维成本	投资、整合并购过程中的现金流支出，且为一次性支出；运营电站数量达到一定量，运营收支平衡，融资能力、资本空间上升，现金流扩大	当前还处于投入发展阶段，未上市
新特能源	定位于多晶硅料制造商和BT/EPC工程总承包商	具有低电价优势，很强的多晶硅成本控制能力；光伏电站资源的开发能力；在工程成本控制、技术和能力很强；具有较强的资金融资平台	通过原材料加工进行多晶硅制造及销售，采购组件、其他关键设备及劳务分包进行电站BT/EPC设计、施工及转让和运维；利用外部资本市场、政府机构进行EPC项目过桥融资；开展电站项目审批业务，获取相关批文	承做外部运营商的BT/EPC业务；多晶硅销售收入	多晶硅销售形成稳定现金流；通过资本市场增发、BT/EPC业务形成稳定现金流；发行债券、增发缓解现金流压力	港股市值：73.8亿港元；销售收入94亿元；税后净利润6.12亿元
顺风清洁能源	主要收入来源于光伏组件及太阳能电池的销售；直接销售光伏产品或相应的BT/EPC等系统解决方案；大规模投资致力于光电运营商建设	具有较强的生产组织能力，能够规模化生产组件等产品，并且具有相应的全球化分销体系；具有良好的资本运作平台，能够在资本市场上融资到相对较低成本资金的能力	主要从事组件、电池片产品的生产制造；从事电站资源开发、路条收购、电站收购；从事电站运营业务，并且在时机成熟情况下会转卖项目；通过控制更多电站累积吸引投资，通过投资控制更好的资源	成本结构：路条成本、建设成本、运营成本、财务费用；盈利来源：发电收入；影响因素：电站发电能力、资金成本	初期收购业务造成现金流流出较大；持有电站越多，资金流入越大；通过资本市场股权质押和债券融资扩大占用资金量	2015年收入703 237.40万元；净利润5796万元；市值64.8亿港元

续表

	定位	关键资源能力	业务系统	盈利模式	现金流结构	企业价值
熊猫绿能	电站投资运营商	借助招商局国有企业巨大的品牌影响力，获取政府光伏方面的批文； 具有融资平台，融资成本低；项目开发能力强	从地方政府、电站运营商处通过审批或者购买方式获取路条资源；通过发行基金及众筹等方式吸引资金； 通过招标设备及劳务等方式从事电站建设业务	收支来源： 主要的收入来源为太阳能电池销售及电力销售：盈利来自电站运营能力、项目资源； 主要支出来自于并购成本、销售成本； 收支方式： 电力销售收入为电价乘以各等级项目下发电站产生的电力并购支出，主要为一次性支出	初期现金流流出为投资并购活动，电站运营量达到一定水平，产生正现金流，现金流入状态描述：经营性现金流及融资活动现金流可覆盖投资活动现金流；常见金融结构（融资方式）描述：配售新股，发行可转换股，银行贷款	2015 年收入 63 067.4 万元；2015 年净利 36 067.0 万元；市值 30.4 亿港元
SolarCity 公司	采用“金融机构”+“开发商”经营策略，租赁模式：负责系统安装，太阳能设备的所有权归原企业所有，系统不直接出售，客户获得设备使用权并按年缴纳租金 PPA（购电协议）模式：负责建设和维护光伏系统，将电出售给电力公司，并且根据发电量按月收费，商业用户出让屋顶并支付较低的电费；直接出售低价电至客户	具有较强的融资能力，并且已经形成了稳定的融资渠道和途径； 具有良好的市场网络及知名度，能够较高效地将电站设备租赁出去； 具有电站资源开发能力； 具有低成本控制能力，能够高效地完成电站建设，且具有强大的运维队伍	与商业用户及电力公司签订三方协议，电力公司从 SolarCity 公司处收购光伏电并出售至商业用户，商业用户出让屋顶并支付较低的电费，5 年过后客户可收购自己屋顶光伏系统， 居民消费者支付设备租赁费，获得光伏系统建设及维护、低价电购买、 政府补贴及投资基金有力支持	收支来源：政府补贴、客户所付电费（分摊至 20～30 年）； 主要支出：营销和管理费用（一次入账）； 收支方式：低于市场水平的电价乘以发电站产生的电力及客户缴纳的租金为电力销售收入来源； 支出主要为一次性支出	初期现金流流出量大，用于市场推广及宣传，目前共支出近 18 亿美元，其中通过客户预收款和基金投资来实现近 15 亿美元，产生正现金流阶段：无； 融资方式：合伙制、转租模式、售出返租模式	营业收入 3.996 亿美元；总市值 22.50 亿美元（以上数据来源自 2015 年财务报表）

现在根据表 4.3 分别从六要素角度分析各企业。

从定位来看，以上七个企业都或多或少地直接进入了光伏电站服务业务，其中包括投资运营及 BT/EPC 业务，这种情况在现实中具有很强的代表性，也就是针对光伏电站领域的开发、工程、运维、投资业务等已经成为一种潮流，其中中民新能是最典型的代表，因为其成立时间短，进入速度快，直接定位于投资光伏电站，并开展证券化工作（开展证券化工作，由于光伏电站现金流良好，易于证券化，从而有利于推动该公司产融结合战略的实施），从而实现产融结合的战略。判断产生这种共性的主要因素在于：国家出台了大力推广光伏发电业务的政策，极大地推进了市场发展，为了抓住市场机遇，不仅仅是传统能源企业，还有原有光伏制造商、服务商，同时还有大量的金融资本也迅速进入了该产业，尤其针对光伏电站业务发展，如天合光能、协鑫、新特能源都是原有光伏制造商进入电站服务、投资领域的代表；中民新能、顺风清洁能源是金融资本进入光伏电站领域的代表企业，但是两者的路径不同。

从关键资源能力来看，主要将重点放在以下方面：①成本控制能力。这是能源企业的典型特征，但是相关企业各自在成本控制能力方面表现并不同。天合光能成本控制力突出表现在组件和电池片制造领域，因此也成就了其组件全球第一的排名；协鑫成本控制力主要表现在多晶硅和硅片生产制造方面；新特能源成本控制力主要表现在工程服务和多晶硅两方面；而中民新能等成本控制力则主要表现在融资成本方面。由此看来，在成本控制力方面所具备的关键资源能力是实现成本驱动型商业模式创新的关键。②获得光伏电站批文的能力。由于在光伏电站是按照审批制进行的，那么对于任何一个从事光伏电站业务的总承包商及电站运营商来说，能够从政府手中获取批文是非常关键的能力。③获取融资的能力。由于光伏行业属于能源产业，需求资金量大，无论是在电站建设，还是运营方面都需要大量融资，因此是否具有融资能力成为企业是否具有竞争力的关键。

从业务系统来看，七家企业相差比较大，其中天合光能、顺风清洁能源、协鑫三者相对较相似，尤其是天合光能和顺风清洁能源两家相似度更高，主要表现在协鑫具有规模巨大的多晶硅和硅片生产环节，而组件生产线相对小于天合光能，并且还出售多晶硅、硅片、组件产品，这与天合光能、顺风清洁能源两家企业只出售组件产品这种业务系统也存在差异。新特能源的业务系统也比较独特，主要表现在其内部多晶硅业务和工程业务之间没有太多协同作用，即没有什么直接的业务联系。其余三家企业的业务系统又主要在电站领域，与上述企业相差更大。

从盈利模式来看，相对比较简单、清晰，主流方式可以分为以下两种：对于大多数制造企业和工程企业来说，其盈利主要来自于销售产品或者工程 BT/EPC 业务；对于投资电站业务企业来说，其盈利由电站电费收入和国家财政补贴两部分构成；部分企业凭借强大的融资能力，如中民新能、熊猫绿能、SolarCity 公司等少数企业采用众筹或者募集低息资金，投资于光伏电站，在光伏电站收益率高于募集资金财务成本的前提下，利用财务杠杆作用，获取一部分额外利润，但是相对而言，这不是主流方式，只有少数企业应用，但是可以作为一个商业模式创新的重要方向。

从现金流结构来看，企业实现其现金流主要包括股权融资、债务融资带来的融资性现金流和经营性现金流两大类。在此主要分析债务性融资和经营性现金流结构。光伏企业涉及的债务性融资主要包括银行中、短、长期贷款，各类票据业务等常规债务性融资，上述企业除了SolarCity公司以外，基本上都采用常规债务性融资方式；在经营性现金流结构方面，分别从制造业、工程服务业和电站运营业务三个方面阐述，制造业分为建设投资和经营两个阶段，第一阶段是现金流支出时期，主要用资本市场募集来的资金或者银行长期贷款的资金；第二阶段是现金流回收时期，此时期，企业主要通过持续经营回收现金流，不但要归还前期贷款、回收投资，而且要创造利润，形成投资收益。

如果从多晶硅、硅片、电池片和组件四个环节分析来看，在现金流结构方面具有一定差异性，即在同等规模下，多晶硅环节固定资产投资很大，流动资金需要相对较少；其次为硅片和电池片环节，固定资产投资少于多晶硅，大概是多晶硅环节需固定资产投资额的50%，而在组件环节固定投资更少，但是流动资金较多，这也就决定了四个环节在经营现金流结构上存在差异性；对于工程业务而言，其特点在于固定资产投资额几乎为零，主要是经营过程中需要较多的流动资金周转。在光伏电站运营业务方面，其经营现金流特点在于：在投资建设阶段，有关固定资产投资属于一次性形成，一般股权投资和银行贷款金额按照2∶8的比例配置，但是在后续经营过程中，由于光伏发电边际成本等于零，所以基本上不需要流动资金，且是一个稳定的现金流持续流入阶段。案例中SolarCity公司由于其商业模式比较新颖，不但开展了电站投资业务，而且开展了大量电站租赁业务，从现金流结构来看，如果企业高速发展，那么，现金流基本上以流出为主，但是后期发展进入稳定期以后，现金流则会以电费、租赁费、运维费等形式持续流入。

从企业价值角度来看，由于这些企业都在香港和美国上市（除了中民新能），而这些都是比较发达的资本市场，相对估值比较公允，由于当前股市整体比较低迷，尤其在香港市场，很多针对资产定价不完全采用市盈率定价方法，而是采取市净率定价办法（即市净率＝股价/每股净资产），而市净率办法基本上也能够在一定程度上反映投资者对某企业未来预期的判断，也就是为该公司未来自由现金流折现判断，如果预期未来折现值越高，那么市净率值也会越高。

现在以2016年3月31日的数据作为截止日计算，天合光能、协鑫、新特能源、顺风清洁能源、熊猫绿能、SolarCity公司的市净率值分别为：0.97、1.14、1.03、1.02、1.14、4.16。从以上六家公司市净率值来看，前五家国内企业的估值基本上差距不大，最高和最低相差 17.5%。但是，美国市场却对 SolarCity 给予了较高的估值，其市净率值是 4.16，远高于同一市场上给天合光能的估值，这主要与其独特的商业模式有很大关系，而独特商业模式能够创造出更多的价值。

4.4　商业模式比较研究结论

上文中针对七家企业商业模式，分别从有关发展战略的产业布局、竞争战略、商业模式类型及商业模式六要素四个方面进行了比较分析，在此总结如下。

4.4.1　市场机遇、战略、关键资源能力共同决定了商业模式创新方向

从以上七家企业的发展历史来看，其商业模式创新方向与市场机遇、战略、关键资源能力三者关系紧密，从天合光能、协鑫、顺风清洁能源三家公司发展来看，基本上都是从最初的聚焦型或整合型商业模式创新发展而来，天合光能在 1997 年抓住国家支持发展安装离网电站解决农牧民生活问题的机遇，成立了系统集成公司，在 2005 年抓住国际市场发展机遇，向组件、电池片和硅片产业延伸，在 2014 年，天合光能又紧抓国内光伏电站发展的机遇，快速扩展该业务，从而从一个整合型商业模式的企业创新为一个全能型商业模式的企业。

同样，协鑫在 2006 年抓住国内外多晶硅非常紧缺的市场机遇，投资了多晶硅生产线，获取了丰厚的利润，然后又抓住国内硅片紧缺的机遇，而投资了规模达到 13GW 的硅片，基本上垄断该市场，在 2015 年又为了抓住电池组件市场机会，迅速收购了上海上市公司上海超日太阳能科技股份有限公司，进入了电池片和组件领域，并且同步进入了光伏电站领域，从而该公司也从一个聚焦型商业模式的企业创新成为全能型商业模式的企业。顺风清洁能源也为了紧随光伏产业潮流，最初投资了电池片、硅片等业务，在 2013 年通过资本运作，将曾经名噪一时、面临破产的全球知名光伏组件制造商尚德电力控股有限公司整合，此时企业也从聚焦型商业模式迅速转变为全能型商业模式。

同时，2014 年协鑫也将投资光伏电站作为重大战略，从而全方位展开了光伏电站开发、运营业务。另外，新特能源、中民新能、联合光伏等企业基本上都是市场机遇的产物。除了市场机遇以外，公司战略也起到非常重要的作用，这与高层管理者对当时基于环境条件及自身资源能力认知判断具有极大关系。例如，面对 2005～2008 年国内多晶硅价格暴涨局面，天合光能也考虑过上马多晶硅项目，但是最终还是放弃，主要是考虑自身资金实力、资源条件及后续战略布局等因素。

与此同时，协鑫和新特能源却面对机遇选择了投资该产业，但是后续两个公司的发展路径又有较大区别，协鑫选择了从多晶硅快速向硅片、电池、组件、工

程和电站运营延伸的战略，而新特能源却强调主要专注于多晶硅和工程服务领域的发展，在硅片、组件、电池业务环节选择退出或者不介入的战略，其主要原因在于新特能源分析虽然自有自备电厂将会带来低成本竞争优势，但是由于电池、组件等环节在沿海地区具有产业集聚、人才、运输等优势，所以放弃了其余制造环节产业链，由此也形成了独特的商业模式，成为聚焦型和整合型商业模式的组合。

总结以上，企业商业模式创新方向主要受市场机遇、战略、关键资源能力等因素影响，因此在商业模式创新过程中要充分考虑这三方面因素，其他的影响因素还有技术等，在此不再详述。

4.4.2　竞争战略、商业模式、六要素之间匹配性是影响绩效重要因素

竞争战略、商业模式、六要素之间匹配的一致性对企业绩效具有重要影响，本章中所提到的天合光能、协鑫、顺风清洁能源都实施的是低成本战略和全能型商业模式，但是三者之间的绩效存在较大的差距，尤其是顺风清洁能源在 2015 年业绩远远低于前两者，从净资产收益率角度来看，天合光能、协鑫分别达到了 8%、15.3%，而顺风清洁能源仅为 0.68%，相差巨大。主要问题在于实施过程中虽然三家企业在竞争战略和商业模式方面都比较接近，但是顺风清洁能源与六要素之间存在的匹配性不足。从顺风清洁能源业绩大幅度下滑来看，首先，在战略布局电站业务方面，低估了中国市场上限电等因素对利润、现金流结构的巨大影响，也反映了实践中在低成本战略实施、资源开发、项目甄选、投资决策、融资运作等方面的关键资源能力及实际盈利模式、现金流结构等都与所设计的期望结果严重背离，导致企业存在过多财务费用和限电损失，业绩也大幅度下滑。相对而言，天合光能、协鑫较为谨慎，在竞争战略、商业模式与六要素之间匹配性较好，业绩相对较好。

4.4.3　战略创新、商业模式创新、要素创新之间存在紧密联动机制

从对企业影响重要程度来看，战略创新、商业模式创新、要素创新之间依次减弱，即战略创新分为发展战略和竞争战略两个层面，前者决定了企业产业发展方向和布局，后者决定了企业如何创造竞争优势的方向，这两者都直接影响了企业商业模式创新方向。例如，天合光能在 1997～2005 年主要从事工程业务，属于整合型商业模式，在决定向上游组件、电池、硅片业务延伸后，通过商业模式创新成为全能型商业模式；协鑫从最初多晶硅聚焦型商业模式，通过大规模投资和收购措施，也实现向全能型商业模式转型的发展目标。

与此同时，新特能源却在整体战略上有进有退，在战略布局上，从光伏组件和硅片领域逐步退出，同时，对工程服务业务和多晶硅业务却加大投资和支持力度，从而形成了当前聚焦型和整合型相结合的创新模式结构。而竞争战略对商业模式创新影响更多侧重在具体商业模式构建方面，会形成新的创新类型，在光伏行业以成本驱动型创新为主。

商业模式类型确定后，要素创新就必须围绕竞争战略、商业模式创新展开。一般先从所具有的关键资源能力出发，结合市场机遇，研究商业模式定位，然后设计业务系统、相关盈利方式及现金流结构。现以中民新能为例，该公司母公司为中国民生投资股份有限公司（简称中民投），董事长董文标是中国民生银行前董事长、金融界泰斗级人物，其牵头成立了注册资金为 500 亿元的公司，在选准光伏行业作为企业发展重要产业之时，就分析中民投自己所具备的关键资源能力是有很强的政府影响力和融资能力，这样在光伏行业发展电站投资业务的基本障碍就可以消除了，因此中民新能将电站投资运营及证券化作为商业模式定位，然后围绕这两项关键要素构建业务系统、盈利模式及现金流结构。这样实现了商业模式的构建和创新过程。

在一个相对成熟的企业中，在商业模式组成要素层面的创新相对较多，但都必须按照竞争战略、整体商业模式创新部署的指引，分别围绕六要素之中任一或者多种要素组合创新，而创新结果一方面会导致企业在原有商业模式类型下，其内涵发生深刻变化，如 SolarCity 公司在最初也是整合型商业模式，但是通过递进式创新，其不断向电站开发、租赁、运营等业务发展，从而实现了良好经济效益和得到投资者的认可；另一方面，也有可能通过在要素方面的创新，最终导致质的飞越，促使企业商业模式类型发生变化。总的来看，战略创新、商业模式创新和要素创新分别在企业创新中构成了三个层面，并且存在较强的联动机制。

4.5　小　　结

本章通过对七家光伏企业分别从产业布局、竞争战略等战略层面、商业模式类型、商业模式六要素等方面进行了比较研究。首先，认为市场机遇、战略、关键资源能力共同决定了商业模式创新方向，那么在商业模式创新方面必须要深入研究市场机遇、企业战略及企业所具备的关键资源能力，否则商业模式创新会迷失方向。其次，发现竞争战略、商业模式、六要素之间的匹配性是影响绩效的重要因素，也就是说，在商业模式创新时，必须要保持竞争战略、商业模式类型和商业模式六要素之间的匹配一致性，这样才能够保持企业高绩效。最后，发现在商业模式创新中，战略创新、商业模式创新与要素创新三者之间存在着强烈的联动机制，难以单独在某个层面开展创新，任何层面的创新都需要其他层面创新的支持，所以推进商业模式创新应该有系统的观点，要从公司的战略着眼，并逐步向商业模式创新和要素创新层面深化开展相关工作。这也为下章构建基于竞争战略的商业模式创新理论提供了现实依据。

第 5 章　基于竞争战略的商业模式创新理论

创新已经成为时代发展的重要推动力，技术、环境的快速变迁，尤其是互联网技术的迅猛发展，直接改变着部分传统企业价值创造逻辑，传统的商业形态正在发生革命性的变化，企业需要不断探索新的商业模式以适应环境和提升价值创造能力，从而获取竞争优势。本章首先在前文的比较研究基础之上，从竞争战略、商业模式创新的角度开展研究，推动竞争战略和商业模式理论两者在理论上融合发展，为企业应用提供启迪和思考。然后，进一步从商业模式创新动力、创新程度研究商业模式创新理论，以深入研究促进企业商业模式创新的内在机制和重要影响因素，为推动商业模式创新提供理论支持。

5.1　竞争战略和商业模式理论结合的必要性、可行性分析

目前，学者们对商业模式创新的研究主要包括以下方面：商业模式创新的驱动因素（也称动力因素）、商业模式创新的途径、商业模式创新过程的特点、商业模式创新的影响力、商业模式创新的分类研究等。然而，上述研究的前提，即什么是商业模式创新的核心问题，实际上学者们的认识仍不统一。在笔者看来，企业商业模式创新的核心问题在于企业如何实现价值创造及竞争战略目标。由此结合第 4 章中有关光伏企业的比较研究结论，认为市场机遇、战略、关键资源能力共同决定了商业模式创新方向，并且竞争战略、商业模式、六要素之间的匹配性是影响企业绩效的重要因素，在创新方面三者之间存在强烈的联动机制，由此认为建立基于竞争战略的商业模式创新理论具有必要性和可行性。

5.1.1　竞争战略和商业模式理论结合的必要性分析

企业竞争战略相当于是在确定企业的前进方向和目标，而商业模式充当着企业实现战略的路径或工具，加强两者的结合研究意义重大。

1. 商业模式相对于竞争战略视角更为广泛、更系统化

竞争战略主要基于五力模型和价值链理论来研究企业竞争战略，基本上

都限于既定的产业结构之中，在一般传统产业竞争中相对有效，但是对原有产业范围之外的竞争对手却难以预防，而商业模式理论不完全是从产业结构角度研究的，而是立足于所有利益相关者构成的生态群进行研究，其视野超越了竞争战略所涉及的产业结构涵盖的内容，由此通过这种融合能够更好地解决问题。

当前信息化时代，此种案例频频发生，如中国杀毒软件领域的经典案例之一，奇虎所采用的免费模式，直接颠覆了杀毒软件行业。如果单纯拘泥于竞争战略思维，那么企业在原有商业模式下不断提升产品质量、降低成本、采取新营销手段等方式，最终实现竞争优势，然而实践证明仅仅按照此种单一思路经营企业，很难适应环境的变化。奇虎积极创新商业模式，迅速将原有的聚焦型商业模式转变为平台型商业模式，将杀毒软件免费提供给用户，形成平台，吸引大量顾客，产生流量，通过出售流量和收取广告费获取价值。

2. 商业模式视角相比竞争战略更为动态

五力模型是基于商业模式基本结构既定下的分析，主要是静态模型，针对的是在一段时间内相对稳定的产业结构，因此对于快速演化的产业可能就不太适合，需要更为动态的分析框架，而商业模式作为重要变量纳入竞争战略整体设计，就可以改变“商业模式基本结构是稳定的”这一假设前提，而将持有不同商业模式的竞争对手纳入分析框架。那么，在两者匹配性选择方面，行业稳定性程度的高低也直接影响着所需要商业模式创新程度的高低。

基本结论是行业不稳定性程度和所需商业模式创新程度呈正相关，即行业越不稳定，那么企业所需要的商业模式创新力度越大，反之，越弱。例如，冶炼、农业、矿山、工程建筑、重型设备制造等行业稳定程度相对较高，那么行业中企业的商业模式创新力度相对较小，利用传统五力模型就相对有效，而 IT（信息技术）、商业、金融等行业受互联网等的影响和冲击，行业稳定程度比较低，在该类产业中各种商业模式创新层出不穷，则必须将五力模型所制定的竞争战略同商业模式创新相结合。

3. 商业模式是决定竞争战略是否成功制定的关键因素

将商业模式作为变量引入竞争战略框架分析体系后，商业模式不但将成为分析企业是否能够获取竞争优势的关键要素，而且也将企业竞争战略制定的重点转向如何创造价值。例如，从事相类似业务的企业之间假设都采用低成本或者差异化竞争战略，如果商业模式不同，那么将会直接导致相关企业竞争优势的表现及绩效结果的差异，这也是基于竞争战略研究如何创新商业模式的重要原因。例如，苏宁易购集团股份有限公司（以下简称苏宁）和国美电器（以下简称国美）都是国内近 20 年比较具有竞争力的电器经销商，两者之间的竞争，双方都采用了低成本竞争战略，并采用了相同的商业模式，最终结果是两者在竞争中快速成长壮大，势均力敌。

然而在近五年来，两者与阿里巴巴、京东商城竞争时仍然都采用低成本竞争策略，但因双方采用的商业模式不同，结果是持有传统模式的苏宁、国美一路败北，并陷入亏损境地。这个结果就是企业在为了获取竞争优势过程中，如果在都具有相类似的商业模式情况下竞争，那么，双方还能有效相持，但是如果两者各自采用不同商业模式，且两者差异比较大，那么，双方竞争将会变成不对称的竞争，结果对于商业模式处于劣势方必将是悲剧性的，所以要赢得竞争优势，提升创造价值能力，不能仅仅关注采取何种竞争战略，且要充分考虑实现该竞争战略所应该采取的商业模式是什么。

4. 部分领域竞争战略理论未能解释及指导实践

由于环境的剧烈变化，在部分领域，尤其是信息化产业，传统的竞争战略未能为企业提供有效的方法解决现实问题，在高度竞争的、产业结构动态变化的、受互联网冲击大的产业表现较突出。众多竞争对手并不在原有理论分析范围之内，而是直接通过跨界实现其战略目标。当前比较火爆的余额宝、腾讯均通过跨界方式，直接冲入传统银行、通信产业，对现有行业领导者产生巨大的市场冲击，并且正在形成巨大的变革型力量来改造传统产业。

5.1.2 竞争战略和商业模式理论结合的可行性分析

基于上文对竞争战略理论与商业模式创新理论结合必要性的分析，可见这种结合意味着一种新的企业经营思维的转换，还需要继续阐明的是其现实性和操作性即可行性问题。

1. 解决问题类同，目标一致

竞争战略理论由迈克尔·波特提出，将企业竞争战略分为低成本、差异化和目标集聚三种，主要以价值链理论和五力模型理论作为基础，以价值链上的活动分析为重点，为企业竞争战略设计提供分析工具，主要关注企业如何创造竞争优势。基于交易结构的商业模式理论主要关注如何围绕价值创造和获取设计利益相关者的交易结构。两者各自关注重点虽然有所不同，但是都是为了提升企业的经营绩效和获取利润的能力。目标一致性就构成了将从竞争战略和商业模式两个角度探讨融合的基础。

2. 具有共同的理论基础

两者具有共同的理论基础，主要有：第一，两者都直接或者间接将利益相关者组成的系统作为分析和研究企业价值或者竞争优势创造能力的要素。五力模型中所提到的供应商、客户、替代者、竞争对手、进入者这五种力量，均代表了不同的利益相关者，正是这些利益相关者组成的系统决定了企业的竞争力和价值创造能力。第二，价值链理论是两者共同的理论基础。价值链理论和竞争战略理论都是由迈克尔·波特提出的，该理论也是竞争战略的理论基础，后续影响较大的价值网理论也由该理论发展而来，而价值网理论也被许多学者作为分析商业模式的理论。再者，商业模式本身就是研究企业价值如何创造的理论，所以在该理论基础方面两者都最终源于价值链理论。第三，本书提到的成本驱动型创新及价值驱动型创新，同低成本战略、差异化战略具有异曲同工之处。例如，成本驱动型商业模式中提到的成本所涵盖范围属于竞争战略中所包含的内容。差异化战略中强调的差异化本质也必须是能够带来价值的差异化，这也同价值驱动型商业模式中的内涵相吻合。

3. 商业模式对竞争战略制定和实施起到有效作用

商业模式和竞争战略虽然有区别，两者侧重点不同，但是商业模式能够在公司战略制定和实施中起到巨大作用，根据 Chesbrough 和 Richard（2002）的研究，商业模式解释了公司如何运行去执行它的战略，这样商业模式在其规划和实施之间起到了桥梁作用。同样，Shafer 等（2005）及 Masane 和 Ricart（2010）认为商业模式是公司如何实现战略的映像。还有学者把商业模式描述为不同企业战略方向的总体考察、设计市场主张、组织行为、增长机会、竞争优势和可持续性等。

综合以上可知，竞争战略理论和商业模式理论的结合，不但具有必要性而且具有可行性。

5.2　基于竞争战略的商业模式创新理论

5.2.1　基于竞争战略的商业模式创新理论含义

通过以上分析，认为竞争战略同商业模式理论具有结合的必要性和可行性，因此本书所提出的基于竞争战略的商业模式创新理论含义为：在竞争战略的指引下，以价值链理论为基础，企业通过商业模式六要素内涵或者组合方式的创新，而提升企业价值创造能力和实现竞争战略目标的商业模式创新过程，即该理论含义分为：首先，竞争战略所确定的方向决定了商业模式创新的方向，也构成了商业模式创新的依据和基础。这是商业模式创新的前提，否则商业模式创新会迷失方向。其次，价值链理论作为竞争战略与商业模式理论两者结合的基础，在实践应用中，必须要围绕价值链，根据利益相关者各自所拥有的关键资源能力，分别从商业模式组成六要素创新角度出发，创新、设计焦点企业与利益相关者之间的交易结构。最后，该理论要求企业所确定的竞争战略与商业模式必须匹配，这才能够达到提升企业价值创造能力和实现提升竞争优势的目的。基于该理论的组成主要包括竞争战略、商业模式、匹配模型、商业模式要素、实现目标五个要素。具体如图 5.1 所示。

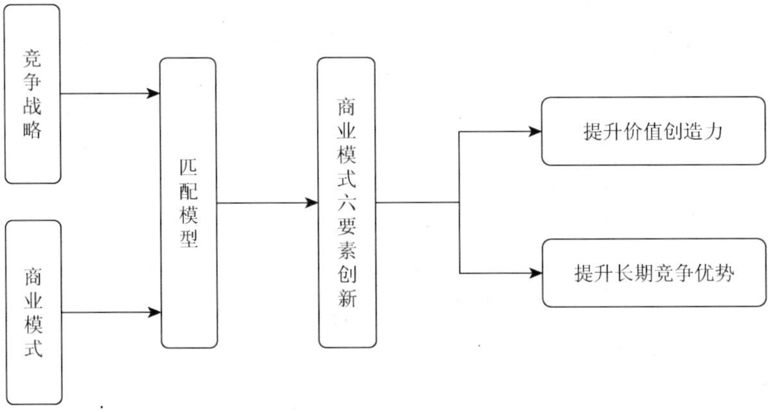

图 5.1　基于竞争战略的商业模式创新框架图

5.2.2　基于竞争战略的商业模式创新模型构建方法

本节主要阐述有关基于竞争战略的商业模式创新模型的构建方法。该理论实现的重要思路为：从竞争战略和商业模式两个视角出发，制定竞争战略与商业模式相匹配的创新模型。首先，分别选择匹配创新模型的两个维度上有关策略集。从竞争战略维度来看，根据迈克尔·波特理论，竞争战略分为低成本、差异化和集中化战略，但是考虑因为低成本战略和差异化战略可以并列，涵盖了全部企业，而集中化战略仅仅是从市场角度强调了低成本或差异化战略在特定市场中的应用，所以在后续匹配矩阵中略去目标集聚战略，因此在此主要选择低成本和差异化战略两种策略类型；从商业模式维度来看，企业创新可以围绕这四种商业模式类型展开，由此形成四种商业模式创新策略。其次，建立竞争战略-商业模式匹配创新策略模型。在纵轴上为竞争战略维度，包括低成本、差异化两种战略；在横轴上，分别有平台型、整合型、聚焦型和全能型四种可选择的策略。从这两个维度进行匹配能形成八种创新策略。具体模型如表 5.1 所示。

表 5.1　竞争战略–商业模式匹配创新策略模型

竞争战略	平台型	整合型	聚焦型	全能型
低成本	低成本平台型	低成本整合型	低成本聚焦型	低成本全能型
差异化	差异化平台型	差异化整合型	差异化聚焦型	差异化全能型

进一步将竞争战略–商业模式匹配创新策略模型进行分析及阐述，下文将分别从关键资源能力建设重点、经营特点、商业模式创新驱动方向、应用范围、发展趋势、代表企业六个方面进行总结和分析，具体如表 5.2 所示。

表 5.2　竞争战略与商业模式匹配创新分析表

匹配策略	关键资源能力建设重点	经营特点	商业模式创新驱动方向	应用范围	发展趋势	代表企业
低成本平台型	低成本平台运营和建设能力	利益相关者数量众多，甚至达到数亿人；企业规模大、复杂程度高、信息化技术应用量大、进入壁垒高	追求规模经济和范围经济是最大动力，以成本驱动型为主，采取递进式、突破式创新，既要降低平台和服务成本，又要提高平台黏性，吸引更多相关者，目标是行业成本领导者	主要在服务业，尤其是在互联网领域，如互联网金融、电子商务、搜索、广告等	未来空间更大，互联网的深入应用是促成该经营模式的重要力量	阿里巴巴、腾讯、京东商城、东方财富信息股份有限公司、谷歌、百度、亚马逊、脸书等
差异化平台型	围绕目标客户群提供具有独特体验的平台	利益相关者众多，一般规模较大、复杂程度较高、侧重为客户提供独特体验	追求差异化的体验，以差异化作为创新重点之一，但是在平台建设方面除了解决差异化体验之外，也必须要适当控制平台运行成本，能够成为特定市场的领导者	主要在服务业领域，尤其是互联网领域，如部分差异化体验的垂直化电商、在线教育、视频等	未来发展空间巨大，尤其是随着社会的进步，消费者对差异化的体验更加青睐，那么差异化平台型的企业数量也必然会呈现出一个增加的趋势	优酷、网易云课堂
低成本整合型	强调低成本解决方案和产品提供能力	利益相关者数量变化空间大，强调解决方案提供能力，对客户认知程度高，供应链控制能力强	追求规模经济和范围经济是其最大动力，以成本驱动型为主，采取递进式、突破式创新降低供应链、营销和合作领域的成本，目标是成为行业成本领导者	在制造服务业均普遍存在，如工程、商业、OEM（贴牌生产）、ODM（原始设计制造）等领域	专业化分工的深化及通信、交通成本的下降，都有力地促进该趋势的发展	沃尔玛、小米公司、乐视、中国电力建设集团有限公司、新特能源等
差异化整合型	强调具有独特体验的解决方案和产品供应能力	利益相关者较少，强调标新立异，能够深刻理解客户独特需求，并能整合相关供应链	追求给客户带来独特感受和体验，价值驱动型为主，其创新点主要应用于创造独特客户价值，并获取较好利润，目标能成为某细分领导者	在制造服务业也普遍存在，主要侧重对产品服务性能感受比较敏感的客户群	长期稳定存在，随着社会更加个性化的需求，甚至在大众消费领域会出现更多的个性化消费者	可口可乐公司、耐克、苹果公司、屈臣氏集团（香港）有限公司、波音、新疆金风科技股份有限公司（以下简称金风科技）等

续表

匹配策略	关键资源能力建设重点	经营特点	商业模式创新驱动方向	应用范围	发展趋势	代表企业
低成本全能型	强调低成本获取资源和大规模低成本生产的能力建设	利益相关者人数一般，企业重资产，偏重资源型，技术变化较慢，进入壁垒很高	追求规模经济和范围经济，通过内部化获取全产业链利润，创新主要侧重技术创新，商业模式创新空间很小，目标是成为业内领导者	主要在大型有色金属、石油石化、钢铁等行业存在	由于竞争加剧，专业化分工深化，反垄断法实施，逐步会弱化该趋势	中石油、中石化、宝钢、中国铝业股份有限公司、江西铜业集团有限公司等
差异化全能型	强调获取全价值链资源优势，保持差异化优势	利益相关者数量中等，企业总资产、偏重带来差异化的资源，进入壁垒很高	在特定的细分市场上，追求差异化的优势，其创新驱动因素在于如何保持差异化优势	主要在部分食品业、加工制造业	由于竞争不断加剧，甚至竞争对手都在模仿差异化，如果差异化优势弱化，那么企业会受到较大冲击	中粮集团有限公司、内蒙古伊利实业集团股份有限公司、依云、农夫山泉股份有限公司等
低成本聚焦型	侧重有限资源投入尽可能少的价值活动环节，以降低成本	利益相关者少，围绕降低成本环节投入，相对小企业较多，也可以成长为大企业	主要追求规模经济和学习曲线降低成本，技术或关键资源能力是成功的核心，具有潜力创新商业模式	分布广、小企业居多，尤其是在发展初期	长期存在，尤其是在创业阶段，少数大企业也具备	许多隐形冠军
差异化聚焦型	侧重有限资源投入尽可能少的价值活动环节，以强调差异化	利益相关者少，主要投向如何能够产生标新立异的关键资源能力环节	主要追求基于规模经济的标新立异，独特的对客户理解及技术或关键资源能力是成功的核心，具有潜力创新商业模式	分布广、小企业居多，尤其是在发展初期	长期存在，尤其是在创业阶段，少数大企业也具备	许多隐形冠军

5.3 基于竞争战略的商业模式创新动力及途径研究

研究商业模式创新动力及途径对于深入研究商业模式创新内在机理及如何实现商业模式创新具有重要的价值和意义。

5.3.1 商业模式创新动力研究

技术进步是推动商业模式创新最重要的动力来源。人类历史上曾经发生了三次科技革命，分别为蒸汽机技术、电气化技术和信息化技术，而每次科技革命都带来了深刻的商业模式创新。

1. 技术进步

克里斯坦森和雷纳（2004）提出，技术创新特别是颠覆性创新往往开始于有限的市场，但当技术提升后，将会替代当前技术和产品，从而重塑价值主张。Faber等（2003）提出，在互联网领域，产业模块化和融合等技术进步推动了美国、欧洲、日本等国家和地区的相关企业商业模式创新。孟鹰等（2014）指出技术进步对企业商业模式创新的影响程度、范围、作用方式也是根据技术的具体特点而定的。例如，科技革命所带来的技术都属于颠覆性技术，不但重塑了新的价值主张，而且全方位地构建了与传统企业商业模式完全不同的定位、业务系统、关键资源能力。电动汽车对传统燃油汽车制造商的模式在关键资源能力和业务系统方面产生了冲击，但是在价值主张和定位领域并没有发生根本性的变革。归纳来看，技术进步作为重要动力直接影响着商业模式创新的所有要素，不但能够推动商业模式递进式创新，而且能够带来商业模式的突破性创新。

2. 竞争压力

市场竞争机制不但有效地提高了资源的配置效率，而且有效地促进了企业技术、管理、商业模式等多方面的创新。可以说，竞争是创新最强大的动力。IBM公司2006年对世界范围内765个公司高管进行了调查，结果发现大约40%的公司高管担心竞争对手的商业模式创新有可能从根本上改变行业前景，因此，他们希望自己的公司能够参与和掌控这种创新。那么，在此种情况下，作为企业高管必须不断研究竞争对手、研究行业发展去积极开展包括商业模式创新在内的多种创新工作，以适应市场发展需要。为了缓解竞争对手或者替代品对企业商业模式的冲击，企业商业模式创新方向分别可以围绕如何提升效率或者降低交易成本进行，也可以围绕提供差异化的价值实施。

3. 市场需求变化

是否能够满足市场需求是验证一个企业创新成败的试金石，企业存在的意义就在于提供满足市场需求的产品或服务。乔·蒂德和约翰·贝赞特（2012）认为“用户的不同需求会引发不同角度的创新——有时这些边缘的需求却成为创新的主流”。也就是说，市场需求的变化决定了创新的方向。市场需求变化导致商业模式创新的情况一般有如下两种：第一，仅仅商业模式创新和技术创新没有直接关系。例如，美国西南航空公司提供廉价短途航空旅行服务，仅仅是调整了企业定位、业务系统，而并没有技术创新在其中。肯德基、麦当劳的连锁业务也是商业模式创新，但是也和技术无关。第二，由产品服务技术进步与商业模式创新紧密结合而满足市场需求。这方面的案例也非常多，应该更多属于技术进步影响的范畴。

4. 高层推动

领导者对商业模式创新的作用是显著的。Linder 和 Cantrell（2000）对 70 名企业高管的访谈和对二手资料的整理表明，企业高管是推动企业商业模式创新的主要动力，接受调查的 70 名高管把他们 30%左右的创新努力放在了商业模式创新上，有些甚至把商业模式创新放在传统创新之前。乔·蒂德和约翰·贝赞特（2012）提出的高层梯队理论认为“高层管理人员通过环境评估、战略决策制定和对创新的支持所做出的决定和选择对于组织绩效具有积极或消极的影响”。由于大多数商业模式创新决策都处于模糊和复杂条件下，仅拥有有限信息，那么高层必须要对相关信息分析研究、概念化、统一内部思想，形成可执行的方案，而且高层在具体实施过程中，领导力、明确的团队目标、全过程高层的参与、追求卓越的承诺及资源配置决策都直接决定了商业模式创新是否成功。

5.3.2 商业模式创新途径研究

商业模式创新的实施者和研究者各自持有不同的视角和思维，所展现的创新途径也各不相同。总结归纳为以下五个方面。

1. 基于商业模式要素创新的视角

从商业模式组成要素入手推动创新也是有效的研究和实践路径，要素创新实施的途径分为两个方面：第一，改变要素之间的组合方式而实现商业模式创新。例如，Weill 和 Vitale（2001）强调了改变要素之间关系的重要性，他们提出了“原子商业模式”的概念，推动每个要素自身创新而实现商业模式创新，并指出每个原子商业模式都具有战略目标、营收来源、关键成功因素和必须具备的核心竞争力这四个特征，通过改变原子商业模式的组合方式就可构成新的商业模式。第二，系统式创新。例如，Voelpel 等（2004）认为商业模式创新要从客户、技术、组织基础设施和盈利四个方面进行系统考虑，同时强调了商业模式创新思维的系统性和与外部环境匹配的重要性。Osterwalder（2004）也指出，企业可以通过改变价值主张、目标客户、分销渠道、顾客关系、核心能力、价值结构、伙伴承诺、收入流和成本结构等因素来激发商业模式创新。虽然以上作者针对商业模式本身概念都有不同的看法，且商业模式本身组成要素内涵也存在着差异性，但是视角却是相同的。笔者认为商业模式由价值、定位、业务系统、现金流结构、关键资源能力、盈利模式六要素构成，且以该六要素作为分析、研究商业模式创新的出发点。

2. 基于创新程度的视角

该角度研究优点在于，比较直观地展现出创新给企业商业模式带来的变革影响程度，对于实践者来说能够形成比较有效的预期，利于决策。比较典型的研究结果有：Linder和Cantrell（2000）把企业商业模式创新分为四种类型：一是挖掘型，即在不改变商业模式本质的前提下挖掘企业现有商业模式的潜力；二是调整型，即通过改变产品/服务平台、品牌、成本结构和技术基础来调整企业的核心技能，提升企业在价格/价值曲线上的位置；三是扩展型，即把企业的现有商业逻辑扩展到新的领域；四是全新型，即为企业引入全新的商业逻辑。Osterwalder（2004）进一步阐明了企业特征与商业模式创新程度之间的关系。通过案例研究，Osterwalder把商业模式创新分为存量型创新、增量型创新和全新型创新三类。同时，本书也立足于商业模式创新程度视角，提出递进式创新、突破式创新及组合式创新三种创新途径。

3. 基于价值链、价值网的视角

价值链理论和价值网理论从根本上来说是一脉相承的，价值链理论是基础，而价值网理论是其发展和延伸。高天亮（2011）认为价值链理论是将企业价值活动看做线性的链条，企业与利益相关者都是点对点的联系，而价值网是对价值链的集成，是信息技术飞速发展、经济全球化和专业化分工日益发展的产物，是由利益相关者之间相互影响的价值创造、分配、转移和使用的关系及结构组成。Rappa（2004）认为，商业模式创新意味着企业必须明确它们将通过开展何种活动来创造价值及如何在价值链上选取上下游伙伴中的位置，最终与客户产生收益。那么，基于价值链和价值网视角分析商业模式创新的主要思路是将价值网中的所有利益相关者和价值链中的活动作为分析单元，考虑企业哪些活动、哪些价值活动环节是由自己从事，哪些活动、哪些价值活动环节是由其他利益相关者从事及所应该采取的合作契约结构是怎样的，各自的权责利是什么，并且根据环境发展情况，不断调整优化这种契约结构，也就是优化和创新利益相关者之间的交易结构，从而实现企业价值的最优化。从该角度来看，商业模式创新的途径就是交易结构不断创新的路径。

4. 基于战略的视角

基于战略的视角相对于前面的视角而言，该观点不但新颖，而且能够更加全面、系统地理解商业模式创新。例如，高天亮（2011）提到“企业战略是企业竞争的最高形态；商业模式是企业竞争的本质。企业战略告诉人们做什么，商业模式告诉人们怎么做。从企业战略到商业模式的进步是形态到本质的进步，企业从竞争本质和商业逻辑的深度参与竞争”。在此方面，Zott和Amit（2008）研究公司的产品市场战略和商业模式之间的匹配性。他们设计了一个模型来分析产品的市场战略和商业模式对公司绩效可能产生的影响。通过对一个独特的手工收集数据集进行研究，发现新颖的商业模式加上强调差异化、成本领先，或提早进入市场的产品市场战略，可以提高公司的绩效。他们的研究显示，商业模式是产品市场战略的一种补充，而非替代品。该项研究为探索战略与商业模式创新提供了有益探索。本书也尝试从竞争战略角度出发，研究如何将竞争战略同商业模式两者相结合，以制定相关的创新策略。

5.4　基于驱动要素的商业模式创新

商业模式创新从本质上来看都是为了给客户带来更多的消费者剩余，而消费者剩余的增加来源于同等货币购买到更多或者更好、更新的产品或服务。从更多的角度来看，也就意味着供应商所提供的产品或服务成本及价格更低。从更好与更新的角度来看，供应商所提供的产品或服务质量或是性能更优或是以前价值主张不同；前者为成本驱动型，后者则为价值驱动型。由此，可以把商业模式创新划分为成本驱动型和价值驱动型两类。

5.4.1　成本驱动型商业模式创新的实现措施

该类型创新是通过改变焦点企业与利益相关者之间的交易结构以更低的交易成本实现交易，或者在交易结构改变后，能够实现焦点企业以更低的成本采购到所提供的产品或服务。这样，商业模式创新带来的成本下降主要分为两个部分：第一部分是焦点企业和利益相关者之间能够以更加低的成本履行合约，这部分来自交易成本的下降；第二部分是由于交易结构的创新，焦点企业能够以更低的成本采购到相类似的产品或者服务，最终体现了企业成本竞争力的提升。如果从财务报表来看，那么前者主要表现在营销费用、采购费用等管理费用的下降，后者主要体现在所采购的产品或服务成本的下降。

那么，如何通过商业模式创新，促使利益相关者之间的交易成本及产品或服务采购成本下降呢？具体实现措施主要包括下列内容。

1. 应用互联网的信息技术推进低端破坏创新

“我们将根治于原初的价值网络或主流的价值网络而进行的破坏称为低端破坏”，而互联网技术无疑在各个行业中是能够帮助实现低端破坏创新最有效的手段。因为互联网改变了信息的传输、处理、交换、接收方式和速度，极大地减少了利益相关者之间的信息不对称性，甚至部分依靠信息垄断的中间人被直接淘汰出局，非常有效地降低了社会的交易成本，从而实现了对传统企业的低端破坏。

国内阿里巴巴、京东商城、小米公司、携程旅行网等企业迅速崛起，很大程度上就是通过应用互联网技术，将中间环节精简使创新商业模式获取了巨大发展。在现实中，电子商务类企业的商业模式不但与传统企业不同，而且也形成了强大的市场竞争力，对传统商业模式企业产生巨大的冲击，众多传统产业都在被“互联网＋”所改造、颠覆。例如，最近十年来，电子商务在国内外产业得到了长足的发展，“2008 年之后，中国网络零售获得了爆发式的增长，复合增长率达到 90%以上……根据国际统计局的数据，2014 年我国网上零售额同比增长 49.7%，达到 2.8 万亿元，占同期社会消费品零售总额的 10.6%”。以下针对国美、苏宁、阿里巴巴和京东商城四家企业 2010～2014 年这五年的发展情况进行对比分析，通过这一比较可以看出互联网企业对传统企业的低端破坏及商业模式创新所展现的优势，通过整理相关资料，形成具体数据，见表 5.3。

表 5.3 国美、苏宁、阿里巴巴和京东商城财务数据对比表 （单位：亿元）

企业	财务数据	2010 年	2011 年	2012 年	2013 年	2014 年
国美	收入	509.10	598.21	478.67	564.01	603.60
	利润	19.62	18.40	7.28	8.92	12.80
苏宁	收入	755.05	938.89	983.57	1 052.92	1 089.25
	利润	40.12	48.21	26.76	3.72	8.67
阿里巴巴	收入	56.00	64.00	256.00	500.00	525.00
	利润	15.00	18.00	31.00	223.00	234.00
京东商城	收入	85.83	211.29	413.81	492.16	1 150.02
	利润	4.16	14.04	19.51	3.16	49.41

从图 5.2 中的对比来看，2010～2014 年的五年间，阿里巴巴和京东商城在发展速度和质量上要远超于苏宁、国美两家企业，虽然国美、苏宁这样的传统零售企业也不断向电商转型，围绕互联网进行商业模式创新，分别推出了国美在线、苏宁易购平台，但是差距却越来越大。从经营数据分析来看，在销售收入方面，阿里巴巴虽然低于国美、苏宁两家公司，但是因为阿里巴巴是一家平台型电子商务企业，其销售收入主要为收取其平台上众多电商销售额的提成费用，或者平台使用费，并非其平台销售额，根据其 2014 年年报，“阿里巴巴平台上完成的商品成交总额达到了约 1.68 万亿元人民币，相比 2013 年大幅提升了 55.8%”，所以虽然其账面销售收入不高，但是利润和毛利率却非常高，远超过其他三家总和。京东商城指标数据表面上存在矛盾，即一方面利润为亏损状态，另一方面在销售收入上增长非常快，它从 2010 年的 85.83 亿元的营业收入到 2014 年的 1150.02 亿元，五年间增长了 12 倍多。这种矛盾之处就在于京东商城的亏

损主要因为对于现有基础设施，如物流等系统投入很大，但是却为未来的发展赢得了发展机会，所以当前仍然得到了投资者的青睐，对比四家公司的市值可以清楚看到其中的差异之大。截至 2016 年 3 月 10 日，阿里巴巴和京东商城的市值分别为 1795 亿美元和 360 亿美元，而苏宁和国美分别为 773 亿元人民币和 188 亿港元，可见前两者的市值远高于后两者，这也反映了投资者对于不同商业模式下各个企业创造价值的预期具有巨大的差异，也折射了商业模式创新的价值所在。相比而言，国美、苏宁作为传统零售企业，其销售收入增长在五年来基本处于停滞或者微幅增长状态，而企业盈利能力却大幅度下降，苏宁表现更为明显。

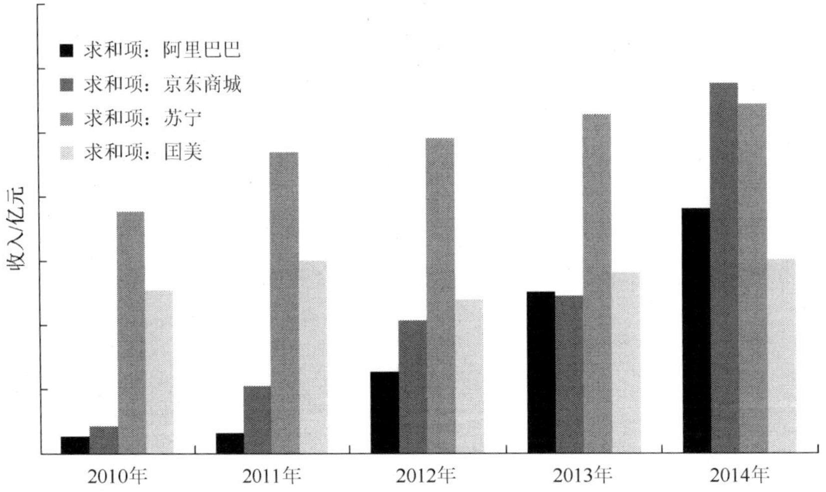

图 5.2　绩效对比分析图

除了在电子商务领域，金融、教育、餐饮、医疗、社交、设计、物流等传统行业都被“互联网＋”的模式改变，当前国家制定出台《国务院关于积极推进“互联网＋”行动的指导意见》更加有力地推动了各行各业商业模式创新发展的速度。

2. 创新交易方式降低交易成本

利益相关者之间不同的交易方式体现了不同的契约结构和交易结构，也直接决定了交易成本的高低。创新交易方式是一种有效降低交易成本的措施。具体方式有：改变合作契约的期限、不同的收支方式、盈利方式等。首先，在合作契约的期限创新方面，针对战略性合作，一般长期合约优于短期合约，如果为临时性合作，则相反。以丰田汽车公司为例，丰田汽车公司以所创造的 Just-in-time 模式闻名于世，该模式的核心基础在于将丰田汽车公司作为焦点企业，与众多供应商形成长期合作关系，这样丰田汽车公司和供应商之间也从短期合作关系变成了长远合作的战略关系，短期契约也被长期契约所替代，从而彼此之间的交易成本也大幅下降，整体提高了经营效率。

其次，在收支方式创新方面，也可以根据不同的情况采用不同的方式，通过最优交易成本实施。收支方式包含了如何定价、如何收费两个主要方面。在定价方面，以光伏行业多晶硅为例，在 2008 年以前，买卖双方认为多晶硅价格及技术标准等都保持稳定，买卖双方就选择了签订长期合约价格，同时以购买方向供给方支付履约保证金的方式进行，期限 5～8 年不等，期限越长，则价格越低；这样节省了大量交易成本，但是随着后期光伏行业迅猛发展，多晶硅价格在 2008～2015 年经历了巨大的波动，从 20 美元/千克开始持续上涨，最高上升到 500 美元/千克，然后又持续下跌到最低 17 美元/千克，并且价格呈现出周期波动的趋势，此时长期合约价格不符合买方利益，按照以前的方式难以执行，使上下游之间重新谈判，从而逐步转变为随行就市的定价方式。从该案例来看，都是围绕如何降低买卖双方交易成本的方式进行。在收费方式上，同样如此，也是根据具体产品或服务的供给及消费特点，确定相关的方式。林桂平等（2014a）指出可以考虑采取固定、剩余还是分成，是按照消费资格计算的进场费、消费次数计算的过路费、消费时长计算的停车费、消费价值计算的油费、价值增值计算的分享费还是免费等。以手机应用为例，当前的通信运营商既有针对不同客户推出的“送手机＋包年套餐”服务，又有仅仅提供不含手机的“月租金＋通话时间＋流量费＋专项收费”等组合方式收费，这些不同的收支方式都针对特定的目标客户，能够降低彼此之间的交易成本。这些收支方式的创新不仅仅有利于为不同的客户群提供相应的价值，也有效地降低了交易成本，从而能够保证确定的契约且能够方便履约。在契约执行的其他方面，还有很多降低合同履约成本的途径，在此不一一列举。

3. 精简或替代非直接创造价值的利益相关者降低交易成本

居于焦点企业和客户、供应商等之间的利益相关者，焦点企业与焦点企业之间的利益相关者，如经销商、代理商、律师事务所、广告商、贸易商等服务机构，本身并不直接创造价值，它们都直接或者间接促成了交易，它们所有费用的支出都会计入交易成本，都是由焦点企业及客户直接或者间接承担。那么，在满足企业和客户需求的前提下，必须时时分析是否能通过新方法来精简或者替代这些机构而达到降低交易成本的目的。通过精简或替代非直接创造价值的利益相关者，不但能够改善焦点企业的商业模式，而且也能够改变其所居的共生体，甚至整个商业生态效率都会得到改善，从而提升竞争力。这些途径的实现既可以与应用互联网、电话、电视等信息化技术相关，也可能采用其他手段。例如，珠海格力电器股份有限公司（以下简称格力电器）为了应对苏宁、国美电器等大型经销商对制造商销售渠道的垄断，专门改革了自己的经销商渠道，它们鼓励经销商成立销售公司，且公司参股，通过股权关系将格力电器和经销商更加有效地结合成战略合作伙伴，改变了依赖原有大型电器经销商的模式，实现了从短期的市场合作关系，转变为具有股权的长期战略合作关系，成为利益共同体，不但有效降低了交易成本，而且提高了渠道的工作的积极性，提升了市场竞争力。

4. 创新价值网络整合社会资源降低产品服务供应成本

企业创造低成本竞争优势不但要着眼于利益相关者之间的交易成本，而且必须要关注利益相关者给焦点企业所提供产品服务的最终成本，这就需要以焦点企业所处的价值网络为切入点，推动降低成本工作。随着交通、信息技术的进步，社会分工程度继续深化，物流成本及交易成本也大幅度下降，焦点企业可选择的利益相关者范围也在扩展，那么，会导致企业所面对的供应商、市场客户更多，企业边界也在扩大。

由于可选择供应商数量大规模地增加，那么供应商之间的竞争也会更充分，技术进步速度也会更快，焦点企业能够享受到更大范围内整合资源的益处。对于一个试图进行商业模式创新的企业而言，必须要深思自己的优势是什么，如何围绕提升效率、降低成本针对价值链上各个环节的活动进行选择、分配，如何选择取舍价值网上布局的利益相关者。例如，当前比较普遍的合作方式主要有 OEM、ODM 及外包等，其核心逻辑在于焦点企业通过创新交易结构，充分利用利益相关者专业化分工的优势，选择业内最具有生产效率的企业提供产品或服务，从而保证自身提供效率最高、成本最低的价值创造能力。

以 IBM 公司电脑业务的发展历史为例，初期，IBM 公司立足于生产与电脑有关的所有主要的硬件、软件等产品，但是随着技术进步及行业成熟度提升，新的零部件厂商、软件厂商快速地发展，从而导致 IBM 公司生产部件成本要高于专业化公司，这时迫于环境压力，IBM 公司不得不改变商业模式，制定电脑行业标准，培育了英特尔、微软等巨型公司等利益相关者，将大量的不具备优势的软、硬件外包给上游供应商，从而极大地降低了自己生产电脑的成本，获取了较强的竞争优势，确保了曾经的辉煌。

同样，波音公司在新型客机研发方面，初期也是自身完成所有零部件的设计，然后交由供应商生产，结果是周期长，风险大。后来，波音公司内部进行了重新改革，将能够实现某一功能的一组零件，外包给一级供应商设计，再由一级供应商按照设计需要，分解到二级、三级供应商，这样缩短了新型客机的研发周期，大大提高了研发成功率。用比较优势的理论来理解波音公司的内部改革非常直观，原因是波音公司自身的比较优势是在飞机整体和个别部件设计方面，在其他部件的设计方面，波音公司并没有供应商专业。所以在波音公司将飞机整体划分成不同模块“外包”给供应商后，相当于调动了整个社会资源来保障新客机的研发，效率自然大幅提升。

耐克、苹果公司这些国际知名企业，也在不断加剧的市场竞争中发现，它们自身的比较优势在研发设计、终端销售方面，随着发达国家劳动力成本的上升，生产制造环节已经不再具备优势，所以它们将生产制造环节转移到中国等发展中国家，采用 OEM 的方式进行生产。尤其是近些年，随着中国劳动力成本的增加，耐克、阿迪达斯等一系列国际服装品牌，又在向孟加拉国、越南、泰国等劳动力更加低廉的国家和地区转移，这充分证明了比较优势在引导它们的产业布局不断变革，也只有不断遵循比较优势结果来调整自身发展战略，才能使企业自身发展保持竞争力。

5.4.2　价值驱动型商业模式创新的实现措施

该类商业模式创新主要是通过对利益相关者主体及其所拥有的关键资源能力、活动、权责利等进行分割、分解、重组后，形成新的交易结构，建立新的生产函数，创造新价值。具体如下。

1. 保持原有价值主张，创新商业模式，提供更好的产品或服务

多数业务稳定的企业在发展过程中，价值主张虽然保持不变，但是为了提升竞争优势或提高创造价值能力，焦点企业会继续在保持原有价值主张的前提下，通过商业模式创新，实现对同行业竞争对手商业模式的差异化，并且新商业模式能够提供更好的产品或服务。

现以金风科技为案例：在风力发电领域，金风科技实现了快速成长，销售收入从 2005 年约 5 亿元到 2018 年实现约 287 亿元，这种奇迹的创造与金风科技创业者围绕其所确定的战略设计的独特商业模式紧密相关（魏炜等，2015）。传统的风机制造商所采用的商业模式普遍为全能型商业模式，具体行业代表者为国内华锐风电科技（集团）股份有限公司、国电联合动力技术有限公司、东方电气股份有限公司等，其商业模式基本都如图 5.3 所示。

而金风科技采用的整合型商业模式，具体如图 5.4 所示。

从上述两者在价值链上的分布可以清晰地看出，金风科技在制造零部件领域主要以外包方式实现合作，采用的是整合型商业模式，而其他都是全能型商业模式，

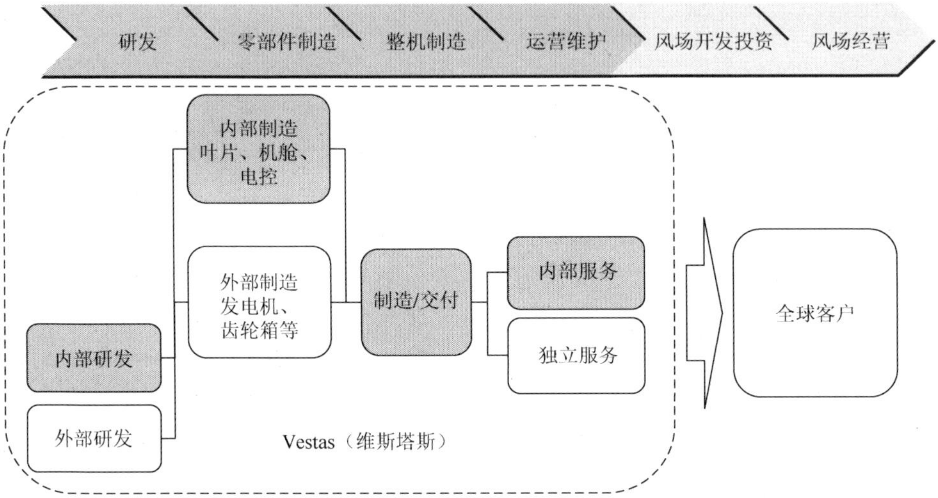

图 5.3　传统风机制造企业商业模式图

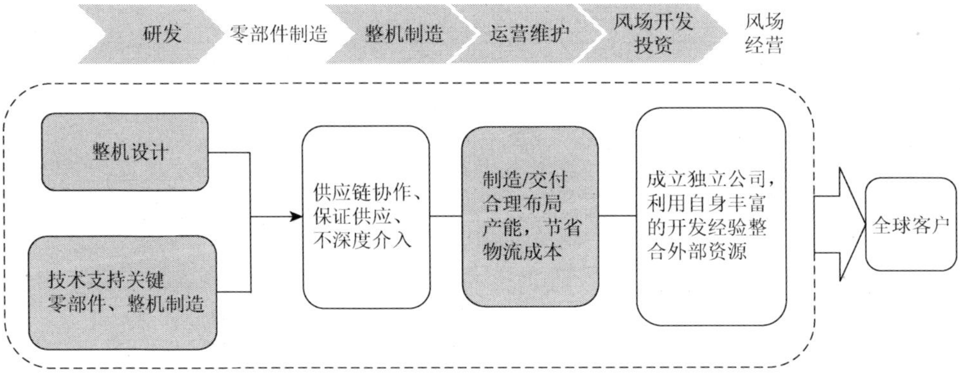

图 5.4　金风科技商业模式图

坚持绝大多数设备生产制造、研发都以自己生产为主。这两种模式效率或者竞争力的差异，在这些企业的表现中已经体现。金风科技采用整合型商业模式的主要目的在于：获取高质量的产品和及时交货，因为风机零部件产品生产所需的固定资产投资规模大、专业化程度高，质量控制非常严格，如果依托自产不但会导致固定资产投资量巨大，而且质量、交货都难以控制，金风科技通过设计出与众不同的整合型商业模式，将资源主要投向研发、总装、售后运营维护、营销等环节，建立与自身关键资源能力相匹配的商业模式，获取了优于竞争对手的零部件产品质量、效率等优势，而且也极大地节约了投入资本，为企业实现快速增长奠定了良好基础。

2. 按照新价值主张，基于原有产品或服务，创造额外价值

新价值主张是指不同于以前的价值主张，产生新价值主张既可以是基于以前价值主张之上对原有内涵的扩展，也可以是完全不同于以前的价值主张。例如，国内互联网案例之一就是奇虎，在杀毒软件行业，面对北京江民新科技术有限公司、金山软件股份有限公司、卡巴斯基等众多国内外竞争对手竞争的格局，其率先提出新价值主张，直接宣布免费向市场提供原有的杀毒软件，结果直接改写了杀毒软件的行业游戏规则，其盈利途径从传统的以直接向消费者出售软件获取利润改变为在产品方面免费，而从软件带来的流量和广告方面收费。其新价值主张是在提供原有杀毒产品或服务基础上的扩展，也为后续商业模式的价值主张增加了为新的客户提供广告、流量等服务，而不仅仅是杀毒产品或服务了。

奇虎商业模式如图 5.5 所示，其创新之处在于：①创新了价值主张，从原有的以向客户提供杀毒软件为主，转向了不但向原有客户提供产品和服务，而且向相应的从事广告业务和需求流量的电商提供服务。②创新了盈利模式，在产品方面直接免费，但从广告商、需求电商等企业处获取收入，实现了行业的低端破坏。③创新了业务系统，从传统的主要由焦点企业同杀毒软件消费者两者为主的简单业务系统，升级为包含了焦点企业、杀毒软件消费者、广告商、电商四方关系的业务系统。④焦点企业的关键资源能力也围绕新的商业模式进行了创新，其中不但保留了以前的内涵，而且新增加了围绕广告商、电商进行营销的能力。

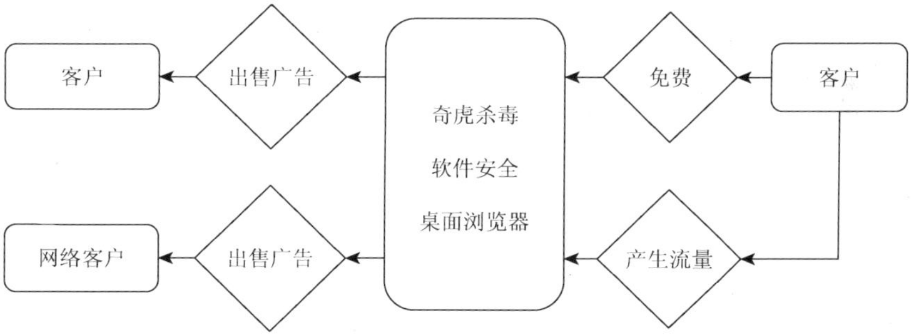

图 5.5　奇虎商业模式图

3. 按照新价值主张，提供新产品或服务，创造新价值

战略调整会带来新的价值主张，而与之配套的是新的商业模式的确立，以 IBM 公司为例，其至今已有百余年发展历史，同样经历了众多波折，而每次渡过难关不仅有管理创新、技术创新的贡献，同样有商业模式创新的功劳。在 20 世纪 90

年代初，IBM 公司正面临着亏损创纪录（80 亿美金）的局面，亏损的主要原因在于，彭剑锋（2013）指出 20 世纪 70 年代，IBM 开始研制个人电脑，为了追赶竞争对手，不仅仅在开始没有控制住该领域最有价值的环节，即操作系统和微处理器，把这些环节外包给微软和英特尔公司，并且在 1987 年 4 月又错误地推行了“微通道结构”总线技术，与当时市场上所采用的 ISA（industry standard architecture，工业标准体系结构）总线结构不兼容，受到康柏公司等九大兼容机厂商的反对，而该事件极大地削弱了 IBM 公司的市场地位，市场份额大幅度下降，并陷入泥沼。郭士纳担任新的 CEO（chief executive officer，首席执行官）后，根据客户需求和技术发展趋势，提出了新价值主张，定位于互联网，并提供系统解决方案，最后搭建编制整合解决方案的技术平台和枢纽中间件的创新思路，从而使 IBM 公司从以硬件供应为主转向了向客户提供系统解决方案的道路，并取得了极大的成功。

分析 IBM 公司的商业模式创新：首先，提出了新价值主张，并围绕该定位，出售和收购相关资产或公司，增强其关键资源能力，在咨询领域，收购了普华永道会计事务所的咨询部门，获取了 3 万名经验丰富的咨询师；在软件领域，收购了美国莲花软件开发公司、美国 Tivoli 软件公司，使其不但具备了强大的软件提供能力，而且具有了完整的软件开发平台，还收购了开发服务器和存储设备管理软件的美国 Informix 公司，提升了其系统管理工具的组合；在硬件方面，出售了缺乏竞争力的个人计算机部门及 X 系列服务器业务。其次，由于具备了强大的系统整合能力，所以 IBM 公司又在当前激烈的市场竞争中，成功转变为一个强大的提供完整解决方案的集成商。IBM 公司系统解决方案业务如图 5.6 所示。

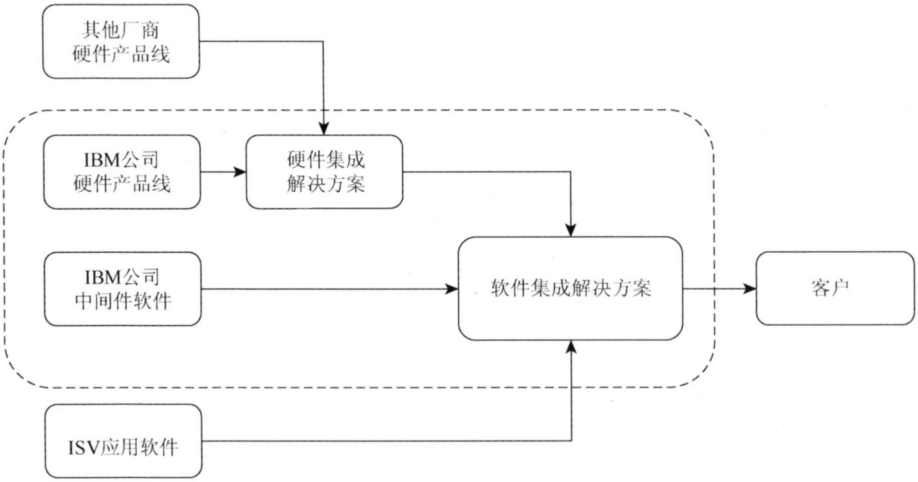

图 5.6　IBM 公司系统解决方案业务示意图

ISV（independent software vendors）为独立软件供应商

1）大力应用互联网技术创新价值主张

互联网技术不但能够降低交易成本，而且能够创造出新的价值，为商业模式创新提出新价值主张。大数据业务作为重要的互联网技术之一，对创造新价值、创新商业模式具有重大作用。该技术已经在科学研究、教育、医疗、军事、金融、物流等行业得到了大规模的扩展和应用，通过对海量数据的积累与交换、分析应用，产生了新的知识，有效地提高了生产效率，根据美国学者对179家大型企业的研究，采用“数据驱动决策”模式的企业生产力普遍能够提高5%～6%。现以大数据业务在物流中应用为例，菜鸟网络科技有限公司成立于2013年，该公司牵头搭建了物流数据平台，其目的在于能够促进与阿里巴巴合作的相关物流企业供应链整体协同，构建了天网、地网和人网三部分，其中天网主要是开放数据平台，地网主要是未来商业的物理基础设施，人网是菜鸟驿站末端网络基础设施，以此将物流、电商、消费者、制造者纳入统一的物流数据库平台，为商品的流向给予清晰指导，实现“货物不动数据动”的目标，从而大幅度优化社会物流成本，关于单量、订单分布预测准确率达到95%以上，促进了物流与电商的协同发展。

而在互联网金融领域内，有关企业能够更及时、更方便、更充分地获取信息，能够更加快捷地做出决策，实现实时交易，从而为客户获取更多价值。以蚂蚁金融服务集团（以下简称蚂蚁金服）为例，该公司的贷款业务是以阿里巴巴、淘宝网、天猫平台内积累的海量数据为依据放贷，无须抵押物、无须担保，所有贷款过程都在网上完成，通过支付宝发放，基本不涉及线下审核，最短贷款时长约3分钟，且坏账率在1%左右，低于传统银行。可见，互联网技术应用，不但为互联网金融开拓了小额贷款这个高利润市场，而且为客户提供了更大的价值。另外，电子商务领域也同样如此，除了极大降低购买物品成本外，电商企业也给了消费者更好的体验，也就是带来了新的价值主张，这也是电子商务企业得到消费者青睐的重要因素。具体表现在以下方面：搜寻物品速度快，通过搜索引擎，能够在短时间寻找自己心仪的产品；选择产品范围广，能够最大化满足个性化需求，普通大型商场只能有万种商品，而电子商务网站能够提供几十万种甚至更多的产品，由此选择范围极大拓宽；购物的时间和地点基本不受约束，只要有网络，就可以随时随地下订单，而商场难以满足；能够享受快捷的上门服务。

2）增加具有新关键资源能力的利益相关者创造新价值

在经营过程中，原有商业模式受到关键资源能力的限制，也只能实现原有价值主张，难以为客户提供新的产品或服务，而引入具有原有商业模式中缺乏相应关键资源能力的利益相关者，则对价值驱动型商业模式创新具有巨大价值。实现目标的具体措施既可以考虑市场化合作，又可以考虑通过收购、兼并、成立合资公司等方式实现。以工程业务为例，甲方为发包方，乙方为施工方，其中乙方作为焦点企业，在甲方具有充足资金的情况下，能够按照双方约定正常履约，该交易正常进行，这时是一种比较简单的商业模式，其中主要利益相关者为甲、乙两方；而当乙方在市场开拓中，遇到了缺乏资金的甲方时，乙方也无能力垫资，又如何推动该项交易顺利进行呢？

乙方或甲方作为焦点企业可以考虑引入具有金融资源的第三方开展交易，如引进银行或者金融租赁公司等利益相关方，这时候就会形成甲方、乙方和银行三方利益相关者，从而形成了新交易结构，针对焦点企业而言也形成了新商业模式。如果乙方作为焦点企业，那么在遇到此类问题，就能够考虑引入银行等第三方，为甲方提供金融支持等新价值服务。通过此种商业模式创新，乙方在向客户提供额外价值过程中，不但扩大了市场范围，而且提高了讨价还价的能力，从而有更多机会获取更高利润。同样，在航空运输行业中，如图 5.7 所示，航空公司由于资金有限所采用的较为普遍的商业模式之一就是和金融租赁公司合作，由金融租赁公司从波音或者空中客车公司购买航空公司需要的飞机，并在未来约定期限内，由航空公司向金融租赁公司提供租赁费用。

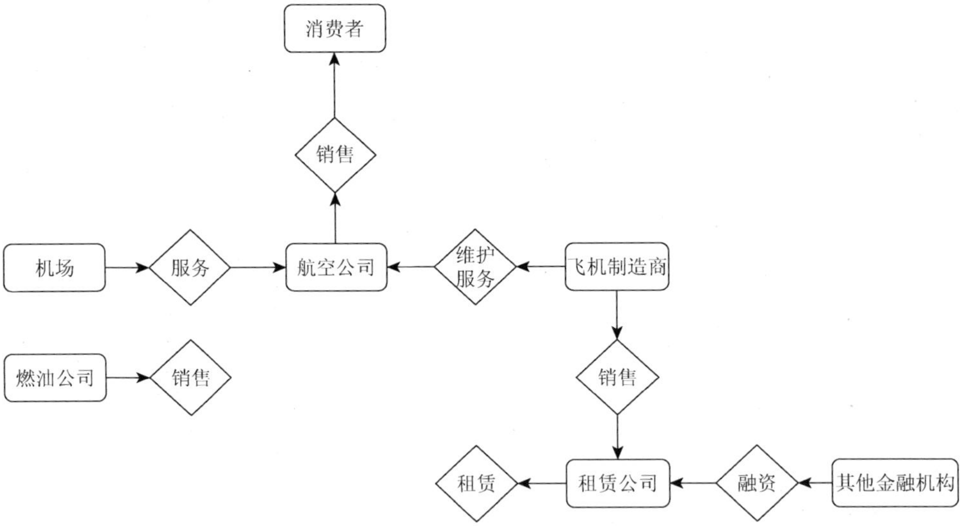

图 5.7　航空公司租赁业务商业模式示意图

除了以上案例，在互联网等领域的企业商业模式形式更多、更复杂，不但可以增加一类新利益相关者，而且可以根据需要增加更多类利益相关者。而如何增加利益相关者，这需要焦点企业根据自己拥有的关键资源能力和客户需求来设计相应的方案。例如，在上述案例中，如果由乙方作为焦点企业，是引入银行的主导方，在甲方具有非常强的资信背景下，则乙方只要起到牵线搭桥的作用，则该交易结构就成立，交易就能够实现，但是如果甲方的资信实力相对较弱，虽然该交易具有可行性，如果乙方作为焦点企业也没有具备相对应的信用资质和实力，银行未必愿意提供融资服务，这样也有可能使该交易难以实现，导致交易失败。所以为了加深相应利益相关方的互信，补充原有交易结构中的缺陷或不足，实现新价值创造，焦点企业必须具备新利益相关方认可的关键资源能力，这样才能够形成新的稳定交易结构和商业模式。

3）重新配置焦点企业与利益相关者的角色、关键资源能力和活动

该方法实施的前提条件是既不引进新的利益相关方，又不增加新的关键资源能力，而仅仅通过现有利益相关者之间重新配置相关方的角色、关键资源能力和活动实现焦点企业价值创造能力的提升。对焦点企业而言，价值实现主要来自以下两个方面。

第一，焦点企业与利益相关者，称为共生体的整体价值创造能力保持不变，但是焦点企业本身的商业模式发生创新，在共生体中能够获取更多的价值。例如，在风力发电行业，主要的利益相关者有政府、运营投资商、总承包商、银行四类，在行业发展初始阶段，主要是运营投资商从政府手中获取批文，再向银行申请贷款，然后由运营投资商作为甲方，进行招标确立总承包商。在这个过程中，运营投资商一直占有重要的市场地位，绝大多数价值被其获取，从而也享受着行业发展的红利。然而随着行业的发展，部分总承包商理解了运营投资商的运营思路，也按照其策略，采取行动，首先也向政府申请获取相关批文，再向银行获取贷款，然后自己建设，最后将该电站出售给运营投资商，从而完成整个过程。具体如图 5.8 所示。

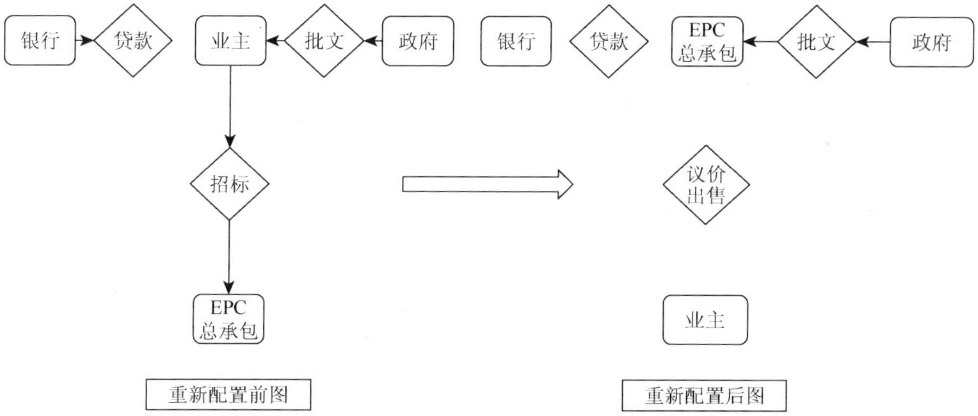

图 5.8　交易结构重新配置前后对比示意图

从以上两者比较来看，对于总承包商这个焦点企业而言，后面一种方式相对于前面一种更加有经济效益，能够获取高于单纯 EPC 的利润。可见，前后两种模式，利益相关者、共生体创造价值能力保持不变，但是由于利益主体之间的交易

结构、从事活动、所拥有的关键资源能力及权责利进行了再配置，尤其作为总承包商的焦点企业通过再配置，获取了更好的地位，所以其在共生体中的价值获取份额得到提升。

第二，市场化作用，促使关键资源能力向能够以更加高效率应用的利益相关者转移，实现了帕累托改善，整体效率及价值创造能力也得到提升。具体再配置的方法有：①利用比较优势，焦点企业将拥有的部分低效关键资源能力交易给能够更好利用的利益主体，以实现商业模式创新。②焦点企业购入新的、与商业模式匹配的关键资源能力，以提高原有商业模式的竞争力。③焦点企业购入新的关键资源能力，创新商业模式。

现以可口可乐公司为例，该公司致力于构建整合型商业模式，推行轻资产战略，将其瓶装厂大部分出售给业务合作伙伴，而自己主要关注价值链上下游两端，控制可乐等饮料配方、原浆业务及下游渠道和品牌经营，该哑铃型结构为其提高净资产收益率起到了巨大作用，因为原浆具有独家知识产权，加上品牌、渠道管理方面收益率能够达到 40%，而瓶装业务属于传统业务，净资产收益率也就 10%左右。可见，通过将相关资源能力在利益相关者之间再配置，能够有效改善焦点企业创造价值的能力。

5.5 基于创新程度的商业模式创新

根据上述研究，商业模式分为四种类型，分别为平台型、整合型、全能型和聚焦型，当企业面临不同环境、处于不同发展阶段时，其商业模式也需要创新，这样才能够持续提升企业的价值创造力。如果从创新程度分类角度来看，创新路径要么在保持原有类型的基础上不断优化、升级，要么突破原有类型向新类型创新演变，要么是两种基本商业模式的结合创新，由此可以分为递进式创新、突破式创新及组合式创新三种。

5.5.1 商业模式的递进式创新及实现措施

递进式创新是指在保持原有商业模式形态的基础上，持续不断地增加新价值主张，提升价值创造能力的过程。其特点主要有如下表现：商业模式形态维持不变，原有关键资源能力、业务系统继续保持而不需要被摒弃，同时需要增加新的关键资源能力及新的业务系统满足实现新增加价值主张的要求，持续发挥价值创造作用。

受组织惯性等因素的影响，大多数经营稳定的企业所面临的环境比较稳定，一般都会采用递进式创新思路，因为这些企业的商业模式都经过了时间检验，已经迈过成长初期，进入了成长期及成熟期，具有较好的经济效益和竞争力。同时，如果行业环境相对比较平稳，那么采用递进式创新策略，是对企业持续发展比较有效的策略。在这一创新过程中，关键资源能力和业务系统的变化程度是微小的、稳健的，企业在原有基础上继续发展，并不会为了创新而完全抛弃原有的模式，创新倾向于在较小范围内进行，即企业逐步实现商业模式的创新，但并不动摇关键资源能力及业务系统的基础，创新有赖于顾客、供应商等利益相关者的长期、持续反馈。

处于该轨迹中的企业，在对创新是否能产生持久竞争力这一问题上并无把握时，没有必要投入大量资金、精力冒险探索新的商业模式，而会选择在一个有限的范围内进行实验，然后根据结果决定是否实施。因此，处于该类创新的企业提升其竞争力或者提高价值创造能力的逻辑出发点在于，不断增强其关键资源能力，优化业务系统。同时，针对盈利模式、现金流结构、定位等方面开展微创新，实现快速迭代，并严格坚持遵循组织规则及高标准的运营效率，从而实现竞争优势和价值创造。例如，可口可乐公司、贵州茅台酒股份有限公司这类受环境影响相对较小的食品产业，其商业模式相对稳定，主要采取的是递进式创新来提升各自创造价值的能力。

归纳总结递进式创新的企业，其主要实现措施如下。

1. 自主培育、收购或者合作强化关键资源能力

递进式创新有利于企业不断巩固和发展原有商业模式，强化其地位和竞争力，而随着企业规模扩张，是否有足够的关键资源能力支撑一个企业的商业模式是最为根本的问题。如果该要素不足，那么会难以支撑焦点企业的发展，其商业模式创新也会失败，而为了获取足够的关键资源能力，可以通过自主培育、收购或者合作三种方式实现。这三种方式各有利弊，也都在不同的条件和背景下实现。自主培育关键资源能力几乎是所有成功企业的不二选择，如阿里巴巴、京东商城分别大量投资物流系统、移动互联网领域等，都是培育支撑企业搭建平台型商业模式的关键资源能力。

收购和合作之路是企业发展到一定程度下，在强大资本平台基础上，根据企业自身商业模式的发展需要而实施的。例如，特变电工股份有限公司（以下简称特变电工）是中国从事能源装备制造的龙头企业之一，其中变压器产品在国内外知名，而作为采用聚焦型商业模式的生产厂商，生产高端设备所需要的关键资源能力是拥有的人才、技术及相应的品牌，而积累这些关键资源能力如果通过自主培育方式，那么期限将会变得遥遥无期。2003年，特变电工面临收购沈阳变压器厂的绝好机会，该企业曾经号称“中国变压器之父”，在技术、人才方面具有深厚

的储备，通过竞标其将该企业收入囊中，从而直接获得了所需要的专利、技术、品牌、渠道、人才等关键资源能力，并通过10年努力，将特变电工发展成变压器领域的世界龙头企业。

同样，在汽车行业要成为知名汽车制造商，必须具备先进的技术和品牌两项关键资源能力，吉利汽车虽然是中国民营汽车的佼佼者，但是面对众多国外竞争对手、合资公司，却在发展中艰难前行，尤其进入高端车型和国际市场更是困难重重，而在2010年将沃尔沃收购后，吉利汽车获得了发展所需的专利、技术、人才、品牌等关键资源能力，为后期发展创造了良好条件。正如其创始人李书福所说，“收购沃尔沃于国于民有利，与吉利的梦想一致。我的梦想是打造最安全、最环保、最节能的好车，让中国车走遍世界，而不是让全世界的车走遍中国”。

2. 战略性发展企业商业生态系统

若干焦点企业及其对应商业模式构成了共生体，而共生体又构成了企业生态系统的组成部分。企业生态系统最早由美国学者詹姆斯·弗·穆尔1996年在《竞争的衰亡：商业生态系统时代的领导和战略》一书中提出，认为企业生态系统是指“由相互作用的企业组织与个人所形成的经济群体，包括生产商、销售商、消费者、供应商、投资商、竞争者、互补者、企业所有者或股东，以及有关的政府机构等，同时，也包括企业生产经营所需的各种资源”。李玉琼（2007）提出企业生态系统内各组织之间存在着共同演化的关系，而这种演化就是一种适应环境变化的创新。

那么，推动商业模式的创新必然要研究如何围绕所处的生态系统考虑创新！由于生态系统主要由主导企业及与之相关联的企业构成，所以焦点企业既可以是主导企业，又可以是非主导企业。如果作为前者，则焦点企业必须要承担起引领商业生态系统构建的战略责任，在此前提下开展商业模式创新，如果不能够及时引领潮流，就有可能被后起之秀所替代。为了实现承担主动构建生态系统的战略责任的目标，主导企业必须不但在技术方面，而且在商业模式及战略思维上规划和设计构建生态系统的实施路径。在个人计算机时代，微软公司、英特尔、IBM公司、惠普、康柏公司、联想集团、戴尔股份有限公司等及与其相关的零部件、软件配套企业形成了一个强大生态系统，统治了该行业约30年，其中微软公司及英特尔两家公司基本成为了该生态系统的主导者，并形成了著名的Wintel联盟。

然而最近10年来，随着移动互联技术进步，该生态系统却逐步衰落，与此同时，谷歌和苹果公司抓住历史机遇，将互联网时代从桌面转移到了手机、平板电脑等移动终端，并分别发展了基于Android系统和IOS系统的两大生态系统，成为新的行业主导者，而这两者的胜利不仅仅是依靠技术创新，还因为各自发展了独特的商业模式。谷歌通过搜索引擎发展为平台型公司，然后收购Android公司，采用免费开发的策略，大量培育了基于该系统的生产制造商及手机软件、电子游戏等软件开发商，从而构建了强有力的生态系统。苹果公司是从产品制造商转型而来的，其凭借强大的研发力量，开发了体验完美的手机、苹果平板电脑（iPad）产品，并在商业模式上积极创新，构建了基于 IOS 系统的软件开放平台，也形成了良好的生态系统，并源源不断地为企业创造价值。基于以上两个案例，可以看到主导企业构建生态系统的同时，必然伴随着商业模式的创新，否则难以维持自身的发展地位。

如果作为后者，一般采取跟随战略，围绕主导企业及其构建系统开展商业模式创新，但是特殊情况下，非主导企业也完全有可能迅速成长为新生态系统的主导者。例如，微软公司、英特尔最初都采取了聚焦型商业模式，给 IBM 公司提供操作系统，后期两者却在同一生态系统中成为主导企业；谷歌、脸书、阿里巴巴、腾讯等都是在发展过程中采取正确的商业模式，不断积累关键资源能力，从而构造了由自己主导的生态系统。

3. 推进商业模式要素渐进创新

在商业模式成熟发展阶段，或者在外部环境保持相对稳定，对现有商业模式并没有大冲击的条件下，推进商业模式要素的渐进创新是比较理性的选择。该创新是个相对持续创新的过程，而创新并不会对原有的商业模式形成冲击，反而是渐进地强化现有商业模式的价值创造能力，并分别从商业模式关键资源能力、业务系统、现金流结构、定位、盈利模式等具体商业模式要素切入开展创新活动。

例如，腾讯的微信产品是其移动互联网社交业务的核心之一，该业务的商业模式就是平台型商业模式，而从最初发展阶段到最后用户数量超过 6.5 亿却是该商业模式不断渐进创新的结果。在微信 3.0 版以前，其主要提供信息服务，在 3.0 版时通过创新，增加了视频、查看附近人群等新功能，实现了用户数量的快速增长，并达到了 2000 万人，在 4.0 版时，又创新了微信朋友圈功能，从而建立了手机熟人圈，后续又推出了视频通话、发红包、钱包、手机游戏等功能，从而在渐进创新过程中，原有的商业模式内涵在不断丰富发展，价值创造能力也更强大。从现实来看，该类创新是任何一个成功企业都必须要经历的创新模式。

5.5.2　商业模式的突破式创新

突破式创新是指采用与原有形态或者传统形态不同的商业模式创新。此类创新一般发生在企业或者创业者面临的环境发生了巨大的变化，并且受到重大的威胁，如果继续坚持采用原有的或者传统的商业模式，企业或新投资项目会陷入经营困境时。这些外界冲击因素及情境主要发生在如下几方面。

情景一：竞争对手或者新进入者采用新的商业模式带来威胁。新商业模式会带来新的成本优势或者创造价值优势，而这种优势会对传统企业的业务系统或者关键资源能力产生重大威胁，为了应对威胁，而发生商业模式创新。

情景二：客户需求变化带来威胁。客户需求变化会迫使传统企业必须创新，满足新需求，从而引发企业提出新价值主张。

情景三：技术创新变化带来威胁。技术创新会使企业在交易方式、产品或服务性能或满足方式等方面发生变化，而引发企业商业模式创新，互联网技术创新是企业商业模式创新的最大驱动因素之一，除此之外，由于技术创新影响产品、服务、供应商、客户需求等众多方面，其也同样直接或间接地推动着商业模式创新。

情景四：供应商变化带来威胁。供应商讨价还价能力的变化、提供产品或者服务的变化等都会引发商业模式创新，在程度剧烈的情况下，会直接引发商业模式创新、变革。

情景五：企业高管团队的决策。为了应对风险或者提升价值创造能力，企业高管团队的洞察力及所发挥的积极主动创新商业模式的决策具有很强影响。

以上五种情景下，突破式创新会促使企业商业模式从一种形态向另外一种形态演变。由于不同类型和规模的企业所对应的商业模式各不相同，这样会发现四种商业模式之间的演变遵循一定的规律。从规模角度来看，一般聚焦型规模偏小，而平台型、全能型、整合型相对规模较大，而大多数成功企业都要经历从小到大的过程，这也就反映了商业模式多数是从聚焦型向全能型、整合型或平台型转变。

由于聚焦型向全能型或整合型演变案例比较多，在此不再详述，而主要阐述向平台型演变的案例。东方财富信息股份有限公司是一家创业板上市公司，2009年上市之初，该公司将自己的商业模式定位于“通过运营财经网站平台，向广大互联网用户提供专业的、及时的、海量的财经资讯和金融信息……在运营财经网站平台的基础上，公司挖掘庞大的用户资源，利用强大的信息渠道，推广基于互联网应用的服务和产品，服务广大投资者和企业客户，获得收入和盈利”①。其中，该公司业务结构为金融数据服务及广告服务，服务费合计约 11 688 万元，分别占比 64%及 36%，是一个聚焦型商业模式的公司，经过六年的快速发展，在 2015年，该公司的销售收入爆发式增长，达到29亿元，净利润18亿元，主要利润来源于基金买卖的金融电子商务业务，传统业务比例相对下降，此时该企业也从互联网财经资讯网站向一体化的互联网金融平台顺利转型，成为平台型商业模式的企业。

① 东方财富信息股份有限公司. 东方财富信息股份有限公司首次公开发行股票并在创业板上市招股说明书. http://www.cfi.net.cn/p20100301000160.html

综合来看，大多数企业最初基本上都是以聚焦型模式为起点，并在后续发展过程中，根据具体环境及战略考虑是维持原有模式，还是选择向其他商业模式演变或转型。还有一部分企业，直接由实力比较强大的股东发起，此种情况下，其商业模式主要由股东设计而成，具有较大的选择空间，可以为其中任意一种。

另外，外部环境变化或者企业战略发生变化，也直接推动了企业商业模式在四种模式之间转型。以 IBM 公司发展为例，其业务分别经历了读取打孔机、电子计算机、大型 360 型计算机、个人计算机及整体解决方案，所对应的 CEO 也分别是托马斯・约翰・沃森、小托马斯・沃森、克里（实际由埃斯特利奇主导）、路易斯・郭士纳等，在这一跌宕起伏的发展历程中，企业的商业模式也在不断地发生战略性调整，基本上可以分为：读取打孔机和电子计算机对应的是聚焦型商业模式，在大型 360 型计算机研发出来之后（1961～1981 年），前 10 年是走向巅峰阶段，后 10 年是受到美国反垄断诉讼而失落的下坡阶段，此时公司研发、生产了计算机的软件、硬件并提供服务，拥有占据全球统治地位的存储器制造业务，在 20 世纪 50 年代中期推出了 FORTRAN 语言，并且设计了编译器软件，并在 20 世纪 60 年代先后推出了 APL 语言和 PL/1 语言，把控了软件行业的话语权，并实现了软、硬件一体化，横跨软件、硬件产业链，打造了全能型商业模式，这也铸就了 IBM 公司的巅峰时代。

但在 20 世纪 70 年代，IBM 公司也面临着约 13 年的反垄断诉讼，并随着当时微软、英特尔、苹果公司、甲骨文股份有限公司等迅速崛起、消费市场的兴起，IT 技术的日新月异对 IBM 公司原有的战略及商业模式均提出了严峻的挑战。此时埃斯特利奇决定走和苹果不同的路，采取“开放”和“兼容”的架构，采用英特尔的微处理器、微软的 MS-DOS 操作系统，包括其他的外围设备、软驱等都是采用供应商最便宜的元件，IBM 公司只做组装，此时在个人计算机领域形成了整合型商业模式，并且获得了巨大的成功，但是也埋下了隐患，培育了大量的竞争对手。直到 1993 年郭士纳的到来，他重新调整了 IBM 公司的战略方向，通过改革使 IBM 公司从硬件设备提供商向整套解决方案服务商转型，并且取得了巨大的成功，此阶段，企业的商业模式内涵也发生了巨大的变化，前者是基于硬件设备供应商的整合型商业模式，而后者是基于整套解决方案服务商的整合型商业模式，两者在关键资源能力、业务系统、利益相关者等方面都有着巨大的不同。

5.5.3　商业模式的组合式创新

在大型企业之中，为了满足业务发展需要，可能会发生在一项业务中有两种以上的商业模式共同存在的现象，这种现象称为组合式创新。该类创新能够有效满足复杂业务的需要。如果发生在不同业务范围内，且业务之间并没有显著的战略协同效益，那么分析此种情况并没有太大理论和实践价值，则在此忽略。企业一般都会经历从小到大的过程，发展初期，商业模式相对单一，但是随着企业规模扩张，部分业务领域可能从单一的商业模式转变为多种商业模式组合的结构，从而形成组合式创新，具体表现为如下形式。

1. 并列式组合创新

并列式组合创新即焦点企业相关联业务中两种商业模式并列存在的组合创新，如苹果公司，其利润主要来自产品销售和平台服务费分成收益两部分。从苹果公司收入结构来看，其主要利润来源于手机及 iPad 等产品，这些产品的经营过程采用的是整合型商业模式，而其软件服务业务主要依托从 IOS 平台上获得有关音乐下载、游戏等业务分成，该部分属于平台型商业模式，且该部分收益仅占有较小份额。

从分析来看，苹果公司是以整合型商业模式为主导，以平台型商业模式为辅助的组合式创新。此种组合的价值在于，企业不但能够获取产品销售的收益，而且能够通过产品形成提供软件服务的平台，从而分享软件服务收益，且在不明显增加成本的条件下，两者能够发挥战略协同作用，提升公司的创造价值能力。按照苹果公司所构建的组合式商业模式思路，当前国内小米公司、联想集团、华为技术有限公司、乐视等都在或多或少地开展类似的商业模式创新工作。

钢铁、风电、光伏等行业也比较多地存在组合式创新，例如宝钢，从钢铁制造来看，是按照全能型商业模式逻辑运作，但是在工程领域又按照整合型商业模式开展业务，因此形成了组合式创新。

2. 嵌套式组合创新

企业的业务之间存在巨大的战略协同作用时，会出现主要业务所对应的模式与辅助业务所对应的模式之分，此时两种模式之间构成了嵌套型结构，此种商业模式创新称为嵌套式组合创新。例如，阿里巴巴虽然从整体而言实施平台型商业模式，但是为了提升平台对于入驻天猫、淘宝网的电商及客户服务能力，尤其为了解决资金支付及融资服务等问题，专门成立了蚂蚁金服，拥有余额宝、支付宝等业务，该类业务主要为聚焦型商业模式，并依附于平台型商业模式生存、发展。

5.6 小结

本章通过论证竞争战略与商业模式理论融合的必要性和可行性，提出基于竞争战略的商业模式创新理论，并且阐述了该理论的含义，说明了其构成要素及该理论框架内涵，阐释了该理论中有关匹配创新模型设计思路，根据匹配创新策略模型，确定了企业在商业模式创新过程中，可以应用的八种匹配策略。然后，分别从商业模式创新驱动要素出发，提出了成本驱动型和价值驱动型商业模式创新的概念；从创新程度出发，提出了突破型、递进型和组合型商业模式创新概念。同时，对商业模式创新动力、途径及所应采取的措施进行了分析和研究。

第 6 章　基于竞争战略的商业模式创新实证研究

第 5 章虽然提出了有关基于竞争战略的商业模式创新理论的相关内容，但是这仅仅是定性研究成果，仅仅实现的是一种理论假设，还没有经过实证研究，其有效性还缺乏说服力，所以本章主要通过实证研究方法，验证有关理论假设。具体内容是以国内创业板已经上市的前 200 家企业为样本，通过卡方检验及 Logit 模型验证前面所提出的理论假设。

6.1　实证研究设计

由于本书结合企业竞争战略演化出了八种商业模式类型，为了更好地反映这八种商业模式的特点以验证理论假设，本书遵循全面性、客观性、可获得性等原则，从竞争战略与商业模式两个角度选取了 14 项企业指标。

6.1.1　指标设计

首先，企业的竞争战略分为低成本战略与差异化战略。基于这两种战略的特点，本书选取了可变成本占总成本比、销售收入、主产品毛利率、净资产收益率、主产品类型、企业所在行业竞争程度、主产品是中间产品还是最终产品这七个指标来识别这两种竞争战略。其次，从商业模式角度出发，选取了企业总资产、员工数量、产品是否涵盖多个价值链环节、主产品是否跨价值链、主产品在与上下游的交易过程中信息不对称程度、主产品在与上下游的交易过程中的议价能力、企业是否提供基础服务这七个指标，来区分平台型、聚焦型、全能型、整合型四种商业模式。以下对 14 个指标作详细阐述。

（1）可变成本占总成本比：定量指标，又称变动成本，是指在总成本中随产量的变化而变动的成本项目，等于总成本减固定成本，会伴随产量的改变而按比例改变。可变成本占总成本比反映企业产品成本情况，能很好地衡量一家企业的经营类型，高可变成本占总成本比能反映出一家企业对环境变化具有较强的适应能力，反之则说明企业对现有运营方式具有较强的依赖性。

（2）销售收入：定量指标，也称作营业收入，是指销售商品或提供劳务等而收到的货款，劳务价款或取得索取价款凭证确认的收入，是反映企业经营状况的重要指标。

（3）主产品毛利率：定量指标，是指主营业务的毛利与总销售之比，该指标反映了企业销售与企业运营成本之间的关系，总体反映企业盈利状况，如果企业的主产品毛利率显著高于同行业水平，则说明该企业产品附加值高，与同行公司相比存在成本优势，有核心竞争力。所以主产品毛利率可以认为是竞争战略的一种重要的特征。

（4）净资产收益率：定量指标，又称作净值报酬率或净资产利润率，是净利润与平均股东权益之比，该指标包含了企业负债成本和税务成本，反映股东权益的收益水平，体现了自有资本获得净收益的能力，可以用来衡量企业运营效率。一般来说净资产收益率越高，则投资股票收益率越高。

（5）主产品类型：定性指标，主产品类型可以分为功能型、风格型和象征型，功能型产品为一般使用产品，产品的主要因素就是价格；风格型产品相比功能型产品则更强调产品的质量等额外价值，象征型产品则更关注产品给使用者带来的身份象征。该指标反映了企业主产品的产品定位。

（6）企业所在行业竞争程度：定性指标，企业所在行业竞争程度包括垄断型、领先型和竞争型，垄断型指的是行业中由一家企业生产和供应整个市场中的产品和服务，领先型指的是行业中存在市场份额大于 35%、行业排名前三名的企业，其他行业则是竞争型行业，该指标反映了企业所在行业竞争的基本状况，从行业的角度研究企业的竞争战略和商业模式。

（7）主产品是中间产品还是最终产品：定性指标，主产品是中间产品还是最终产品这个指标反映了企业在价值链中的位置，如果企业主产品为中间产品，则企业处于行业链的上中游，反之若企业主产品为最终产品，则企业处于行业链下游，该指标和指标（10）、指标（11）共同从产业链角度研究企业的竞争战略和商业模式。

（8）企业总资产：定量指标，企业总资产指企业拥有或控制的全部资产。包括流动资产、长期投资、固定资产、无形及递延资产、其他长期资产、递延税项等，即企业资产负债表的资产总计项。该指标和指标（9）共同反映了企业的规模。

（9）员工数量：定量指标，指企业聘用的员工数量，反映企业的人力资源，和指标（8）共同反映了企业的规模。由于规模小的企业资金和人力资源有限，倾向于选择平台型与聚焦型商业模式，而规模大的企业则倾向于选择全能型与整合型商业模式，呈现较为明显的选择差异。

（10）产品是否涵盖多个价值链环节：定性指标，是指企业在产品的设计、生产、销售、交货和售后服务等环节的涵盖程度，体现了企业的基本增值活动，从价值链的角度研究企业的竞争战略和商业模式。

（11）主产品是否跨价值链：定性指标，该指标主要考察了企业经营是否涉及跨行业经营，跨行业经营往往拥有共享科技资源等优势，但也需要企业对产品的需求和整个运营流程有一定的把握。

（12）主产品在与上下游的交易过程中信息不对称程度：定性指标，在一条产业链中，信息不对称理论是指在市场经济活动中，各类企业对有关信息的了解是有差异的，掌握信息比较充分的企业往往处于比较有利的地位，反之则处于比较不利的地位。该指标主要考察了企业所在产业链上下游的信息共享程度。

（13）主产品在与上下游的交易过程中的议价能力：定性指标，可分为买方议价能力和卖方议价能力，考察了企业所在产业链上下游定价权。该指标和指标（10）考虑了企业价值环节范围、价值链范围的影响因素，间接反映了企业在这两个维度上的情况，将其纳入模型更加全面地体现企业商业模式特点。

（14）企业是否提供基础服务：定性指标，主要考察了企业创造价值的活动。该指标和指标（10）、指标（11）结合前文中的商业模式拓扑结构从价值环节范围、价值链范围、创造价值活动形式三个维度中提取的指标，在这三个维度上对企业进行刻画。

6.1.2　模型假设

基于竞争战略的商业模式创新理论验证必须要考虑竞争战略与商业模式特性的两个方面，那么，在研究假设设计方面也分别从竞争战略和商业模式两个角度入手设计。其中在竞争战略方面，主要从市场对不同产品服务类型的关注特点差异性进行设计，分别确定了功能型、风格型和象征型。具体如下。

H1：产品类型为功能型的企业适合采用低成本竞争战略。H2：产品类型为风格型或象征型的企业适合采用差异化竞争战略。H3：企业跨价值链宜采用整合型或全能型商业模式。H4：企业不跨价值链宜采用聚焦型商业模式。H5：企业在多数价值链环节上开展业务的宜采用整合型或全能型商业模式。H6：企业不在多数价值链环节上开展业务的宜采用聚焦型商业模式。H7：提供基础服务业务的企业宜采用平台型商业模式。H8：不提供基础服务业务的企业宜采用聚焦型或整合型商业模式。

其中，H1、H2 两条假设设计理由为：功能型产品的特征在于客户更加关注产品的使用功能，也就是更加关注其价格，由此一般企业会实施低成本竞争战略，类似钢铁、铜铝、建材、多数工业物资等；风格型产品的特征在于客户不但关注产品的使用功能，而且关注产品能够带来的质量、品牌等额外价值，能够产生特定的溢价；象征型产品的特征更多在于其带来的身份象征，类似于奢侈品、豪车等消费品。针对后两类产品一般都会实施差异化竞争战略。

H3、H4、H5、H6、H7、H8 这六条假设是基于前文所提到的四种商业模式分类，分别从价值链宽度、涉及价值链环节及从事业务是否为基础服务三个角度分析而得出的假设条件，分别对应价值环节范围、价值链范围、创造价值活动形式三个维度。

6.2　数据描述及方法简述

6.2.1　数据描述

由于本书研究的是企业商业模式创新，而任何企业都有与之对应的商业模式，为了确保搜集的样本具有代表性，相关数据资料公开、真实、易于搜集，主要选择了创业板企业前 200 家上市公司为研究样本，之所以选择创业板考虑如下：第一，创业板是中国经济中无论从技术创新角度，还是从商业模式创新角度都最为活跃的、最具有生命力的企业群体，该部分企业的控股股东绝大多数以私人为主，这样这些企业的发展会较少受到机制等问题的影响，是更加市场化的企业。第二，创业板上市的企业资料公开、透明，不但易于搜集，而且这些资料相对更加真实可信，能够更加准确地反映企业运行的真实现状。具体如表 6.1 所示。

表 6.1　样本企业

股票代码	股票简称	股票代码	股票简称	股票代码	股票简称	股票代码	股票简称
300001	特锐德	300018	中元华电	300035	中科电气	300052	中青宝
300002	神州泰岳	300019	硅宝科技	300036	超图软件	300053	欧比特
300003	乐普医疗	300020	银江股份	300037	新宙邦	300054	鼎龙股份
300004	南风股份	300021	大禹节水	300038	梅泰诺	300055	万邦达
300005	探路者	300022	吉峰农机	300039	上海凯宝	300056	三维丝
300006	莱美药业	300023	宝德股份	300040	九洲电气	300057	万顺股份
300007	汉威电子	300024	机器人	300041	回天新材	300058	蓝色光标
300008	上海佳豪	300025	华星创业	300042	朗科科技	300059	东方财富
300009	安科生物	300026	红日药业	300043	互动娱乐	300061	康耐特
300010	立思辰	300027	华谊兄弟	300044	赛为智能	300062	中能电气
300011	鼎汉技术	300028	金亚科技	300045	华力创通	300063	天龙集团
300012	华测检测	300029	天龙光电	300046	台基股份	300064	豫金刚石
300013	新宁物流	300030	阳普医疗	300047	天源迪科	300065	海兰信
300014	亿纬锂能	300031	宝通科技	300048	合康变频	300066	三川股份
300015	爱尔眼科	300032	金龙机电	300049	福瑞股份	300067	安诺其
300016	北陆药业	300033	同花顺	300050	世纪鼎利	300068	南都电源
300017	网宿科技	300034	钢研高纳	300051	三五互联	300069	金利华电

续表

股票代码	股票简称	股票代码	股票简称	股票代码	股票简称	股票代码	股票简称
300070	碧水源	300103	达刚路机	300136	信维通信	300169	天晟新材
300071	华谊嘉信	300104	乐视网	300137	先河环保	300170	汉得信息
300072	三聚环保	300105	龙源技术	300138	晨光生物	300171	东富龙
300073	当升科技	300106	西部牧业	300139	晓程科技	300172	中电环保
300074	华平股份	300107	建新股份	300140	启源装备	300173	智慧松德
300075	数字政通	300108	双龙股份	300141	和顺电气	300174	元力股份
300076	GQY 视讯	300109	新开源	300142	沃森生物	300175	朗源股份
300077	国民技术	300110	华仁药业	300143	星河生物	300176	鸿特精密
300078	思创医惠	300111	向日葵	300144	宋城演艺	300177	中海达
300079	数码视讯	300112	万讯自控	300145	南方泵业	300178	腾邦国际
300080	易成新能	300113	顺网科技	300146	汤臣倍健	300179	四方达
300081	恒信移动	300114	中航电测	300147	香雪制药	300180	华峰超纤
300082	奥克股份	300115	长盈精密	300148	天舟文化	300181	佐力药业
300083	劲胜精密	300116	坚瑞消防	300149	量子高科	300182	捷成股份
300084	海默科技	300117	嘉寓股份	300150	世纪瑞尔	300183	东软载波
300085	银之杰	300118	东方日升	300151	昌红科技	300184	力源信息
300086	康芝药业	300119	瑞普生物	300152	科融环境	300185	通裕重工
300087	荃银高科	300120	经纬电材	300153	科泰电源	300186	大华农
300088	长信科技	300121	阳谷华泰	300154	瑞凌股份	300187	永清环保
300089	文化长城	300122	智飞生物	300155	安居宝	300188	美亚柏科
300090	盛运环保	300123	太阳鸟	300156	神雾环保	300189	神农基因
300091	金通灵	300124	汇川技术	300157	恒泰艾普	300190	维尔利
300092	科新机电	300125	易世达	300158	振东制药	300191	潜能恒信
300093	金刚玻璃	300126	锐奇股份	300159	新研股份	300192	科斯伍德
300094	国联水产	300127	银河磁体	300160	秀强股份	300193	佳士科技
300095	华伍股份	300128	锦富新材	300161	华中数控	300194	福安药业
300096	易联众	300129	泰胜风能	300162	雷曼股份	300195	长荣股份
300097	智云股份	300130	新国都	300163	先锋新材	300196	长海股份
300098	高新兴	300131	英唐智控	300164	通源石油	300197	铁汉生态
300099	尤洛卡	300132	青松股份	300165	天瑞仪器	300198	纳川股份
300100	双林股份	300133	华策影视	300166	东方国信	300199	翰宇药业
300101	振芯科技	300134	大富科技	300167	迪威视讯	300200	高盟新材
300102	乾照光电	300135	宝利国际	300168	万达信息		

企业数据来源于 Wind 数据库及企业年报，在本章涉及的 14 个指标中，可变成本占总成本比、销售收入、主产品毛利率、净资产收益率、企业总资产、员工数量六个定量指标均来源于企业年报，其余八个定性指标主产品类型、企业所在行业竞争程度、主产品是中间产品还是最终产品、产品是否涵盖多个价值链环节、主产品是否跨价值链、主产品在与上下游的交易过程中信息不对称程度、主产品在与上下游的交易过程中的议价能力和企业是否提供基础服务则通过 Wind 数据库行业分析等模块并结合专家决策给出。

6.2.2　方法简述

1. 卡方检验

本书使用卡方检验对上述指标和分类进行检验以考察假设的可行性。卡方检验是一种用途很广的假设检验方法，它在分类资料统计推断中的应用包括：两个率或两个构成比比较的卡方检验、多个率或多个构成比比较的卡方检验及分类资料的相关分析等。

具体而言，卡方检验计算了统计样本的实际观测值与理论推断值之间的偏离程度，二者偏离程度决定了卡方值的大小，卡方值越大，越不符合；反之，卡方值越小，偏差越小，越趋于符合，若两个值完全相等时，卡方值就为 0，表明理论值完全符合。

卡方检验步骤如下。

（1）提出原假设：如果总体分布为连续型，假设具体为H_0：总体 X 的分布函数为$F(x)$；如果总体分布为离散型，则假设具体为H_0：总体 X 的分布律为$P\{X=x_i\}=p_i, i=1,2,\cdots$。

（2）将总体X的取值范围分成k个互不相交的小区间$A_1, A_2, A_3, \cdots, A_k$。例如，可以取

$$A_1=(a_0, a_1), A_2=(a_1, a_2), \cdots, A_k=(a_{k-1}, a_k)$$

其中，a_0可取$-\infty$，a_k可取$+\infty$，区间的划分按照假设的具体情况而定，要求区间个数k数量适中。

（3）把落入第i个小区间的A_i的样本值的个数记作f_i，称为组频数（真实值），所有组频数之和$f_1+f_2+\cdots+f_k$等于样本容量n。

（4）当H_0为真时，根据H_0的总体理论分布，可以计算出总体 X 的值落入第 i 个小区间 A_i 的概率 p_i，于是，$n\cdot p_i$就是落入第 i 个小区间 A_i 的样本值的理论频数。

（5）当H_0为真时，n次实验中样本值落入第i个小区间A_i的频率f_i/n与概率p_i应很接近，当H_0不真时，则f_i/n与p_i相差很大。基于这种思想，皮尔逊引进

如下检验统计量 $\chi^2=\sum_{i=1}^{k}\frac{(f_i-np_i)^2}{np_i}$，在零假设成立的情况下服从自由度为 $k-1$ 的卡方分布。

2. Logit 模型

本书采取 Logit 模型，以企业商业模式和竞争策略为因变量，以产品是否涵盖多个价值链环节、主产品是否跨价值链、主产品在与上下游的交易过程中信息不对称程度、主产品在与上下游的交易过程中的议价能力、企业是否提供基础服务等指标为自变量进行回归，以考察指标对商业模式选取的解释能力。

Logit 模型是最早的离散选择模型，又作 logistic regression，译作“评定模型”“分类评定模型”“逻辑回归”，属于多重变量分析范畴，是社会学、生物统计学、临床、数量心理学、计量经济学、市场营销等统计实证分析的常用方法。

Logit 模型是 Luce 根据 IIA（IIA 属性指出，对于任何个体，选择两个备选方案的概率之比独立于任何其他备选方案的存在属性）特性首次推导出的；Marschark 证明了 Logit 模型与最大效用理论的一致性；Marley 研究了模型的形式和效用非确定项的分布之间的关系，证明了极值分布可以推导出 Logit 形式的模型。

Logit 模型逻辑分布（logistic distribution）公式如下：

$$P(Y=1\mid X=x)=\frac{e^{x'\beta}}{1+e^{x'\beta}}$$

其中，参数 β 常用极大似然估计。

Logit 模型应用广泛的原因主要是其概率表达式的显性特点，模型的求解速度快，应用方便。

6.3 实 证 分 析

6.3.1 卡方检验

1. 竞争战略–产品类型检验

检验的主要目的为分析企业选择的竞争战略和企业的产品类型是否有明显的对应关系，检验的原假设为：

H1：产品类型为功能型的企业适合采用低成本竞争战略；

H2：产品类型为风格型或象征型的企业适合采用差异化竞争战略；

检验列联表如表 6.2 所示。

表 6.2　产品类型–竞争战略列联表

竞争模式	产品类型			总计
	风格型	功能型	象征型	
差异化	110	23	12	145
低成本	1	49	0	50
总计	111	72	12	

卡方检验结果如表 6.3 所示。

表 6.3　产品类型–竞争战略卡方检验表

项目	Value（值）	df（自由度）	Asymp.Sig（2-sided）（双侧近似 P 值）
Pearson Chi-Square（卡方检验）	107.706[a]	2	0.000
Likelihood Ratio（似然比）	120.396		
N of Valid Cases（有效案例中的 N）	195	2	0.000

从结果卡方值和 P 值可以看出，原假设是成立的，即产品类型为功能型的企业适合采用低成本竞争战略，产品类型为风格型或象征型的企业适合采用差异化竞争战略。这样的结论是符合经济意义的，产品类型为功能型的企业更加适合关注其价格，此时关注产品的差异化并不能带来更多的销量或毛利润，所以更多地采用低成本竞争战略，而产品类型为风格型或象征型的企业关注产品能够带来的质量、品牌等额外价值，此时产品的成本和产品定价相关性降低，而采取差异化战略可以较好地提升企业产品的附加值，故适合采用差异化竞争战略。

2. 商业模式–主产品是否跨价值链检验

检验的主要目的为分析企业商业模式选取和产品在产业链涵盖范围是否有明显的对应关系，检验的原假设为：

H3：企业跨价值链宜采用整合型或全能型商业模式；

H4：企业不跨价值链宜采用聚焦型商业模式；

检验列联表如表 6.4 所示。

表 6.4　跨价值链–商业模式列联表

商业模式	主产品是否跨价值链			总计
		否	是	
	1	0	0	1
聚焦	0	135	4	139

续表

商业模式	主产品是否跨价值链			总计
		否	是	
平台	0	0	2	2
全能	0	0	5	5
整合	0	0	49	49
总计	1	135	60	196

注：0 代表否，1 代表是。

卡方检验结果如表 6.5 所示。

表 6.5　跨价值链–商业模式卡方检验表

项目	Value（值）	df（自由度）	Asymp.Sig（2-sided）（双侧近似 *P* 值）
Pearson Chi-Square（卡方检验）	373.669[a]	8	0.000
Likelihood Ratio（似然比）	217.006		
N of Valid Cases（有效案例中的 *N*）	196	8	0.000

从结果卡方值和 *P* 值可以看出，原假设是成立的，即企业跨价值链宜采用整合型或全能型商业模式，而企业不跨价值链宜采用聚焦型商业模式。此结论诠释了企业在选择商业模式时价值链因素的影响，商业模式的选取需要和企业的价值链经营相匹配，单一价值链的企业，选择聚焦型商业模式，可以更好地专注于核心价值链，依靠自有关键资源能力，为其他企业提供产品或服务；而跨价值链的企业，则可以选择整合型或全能型商业模式，以便企业统筹协调各价值链产业运营，实现资源共享和产品增值。

3. 商业模式–产品是否涵盖多个价值链环节检验

检验的主要目的为分析企业商业模式选取和产品在产业链涵盖范围是否有明显的对应关系，检验的原假设为：

H5：企业在多数价值链环节上开展业务的宜采用整合型或全能型商业模式；

H6：企业不在多数价值链环节上开展业务的宜采用聚焦型商业模式；

检验列联表如表 6.6 所示。

表 6.6　价值链环节–商业模式列联表

商业模式	产品是否涵盖多个价值链环节			总计
		否	是	
	1	0	0	1
聚焦	0	135	4	139

续表

商业模式	产品是否涵盖多个价值链环节			总计
		否	是	
平台	0	1	1	2
全能	0	1	4	5
整合	0	0	49	49
总计	1	137	58	196

注：0 代表否，1 代表是。

卡方检验结果如表 6.7 所示。

表 6.7　价值链环节–商业模式卡方检验表

项目	Value（值）	df（自由度）	Asymp.Sig（2-sided）（双侧近似 *P* 值）
Pearson Chi-Square（卡方检验）	367.061[a]	8	0.000
Likelihood Ratio（似然比）	205.889		
N of Valid Cases（有效案例中的 *N*）	196	8	0.000

从结果卡方值和 *P* 值可以看出，原假设是成立的，即企业在多数价值链环节上开展业务的宜采用整合型或全能型商业模式，企业不在多数价值链环节上开展业务的宜采用聚焦型商业模式。此结论诠释了企业在选择商业模式时价值链环节因素的影响，企业的商业模式应该与企业涵盖的价值链环节相匹配，涵盖多个价值链环节的企业，则可以选择整合型或全能型商业模式，通过整合产业链上下游来协调价值链环节的活动，从而创造较高的产品附加值。企业领导应当更加重视提高企业业务活动在整个价值链活动中的重要性，维持企业在价值链中的领导地位和提高创新能力，充分利用现有的资源、加强核心业务、提高创新能力、提高差异化。

4. 商业模式–是否提供基础服务检验

检验的主要目的为分析企业商业模式选取和企业是否提供基础服务间的对应关系，检验的原假设为：

H7：提供基础服务业务的企业宜采用平台型商业模式；

H8：不提供基础服务业务的企业宜采用聚焦型或整合型商业模式；

检验列联表如表 6.8 所示。

表 6.8　基础服务–商业模式列联表

商业模式	是否提供基础服务		总计
	0	1	
聚焦	136	3	139
平台	0	2	2
全能	5	0	5
整合	48	1	49
总计	189	6	195

注：0 代表否，1 代表是。

卡方检验结果如表 6.9 所示。

表 6.9　基础服务–商业模式卡方检验表

项目	Value（值）	df（自由度）	Asymp.Sig（2-sided）（双侧近似 *P* 值）
Pearson Chi-Square（卡方检验）	63.728[a]	3	0.000
Likelihood Ratio（似然比）	14.875		
N of Valid Cases（有效案例中的 *N*）	195	3	0.002

从结果卡方值和 *P* 值可以看出，原假设是成立的，即提供基础服务业务的企业宜采用平台型商业模式，不提供基础服务业务的企业宜采用聚焦型或整合型商业模式。由于平台型企业数据极少，为本次检验带来了一些困难，但是从样本内平台型企业均提供基础服务这一方面来看，本书的假设验证是有说服力的。由于网络外部效应对平台型企业的成功起着非常重要的作用，提供基础服务的企业应考虑依靠互联网实现的平台建设，吸引各方进驻该平台，连接买方和卖方或连接多方群体，提高平台所连接群体的质量和数量。

6.3.2　Logit 模型

本节笔者分别对企业的竞争战略和商业模式选取建立了 Logit 模型。笔者从 14 个指标中，选取了其中较为有代表性的 8 个指标，形成了 9 个离散变量，分别为：①是否为象征型产品；②是否为功能型产品；③所在行业竞争程度；④是否为最终品；⑤产品是否涵盖多个产业链环节；⑥主产品是否跨产业链；⑦主产品在与上下游的交易过程中的信息不对称；⑧主产品在与上下游的交易过程中的议价能力；⑨是否提供基础服务。

在因变量方面，本书分别选取企业的竞争战略和商业模式作为因变量建模，图 6.1 为模型结果[图（a）以竞争战略为因变量，图（b）以商业模式为因变量]。

Model Fit Statistics Intercept Intercept and Criterion Only Covariates	
AIC sc -2Log L	217.720　22.776 220.956　55.140 215.720　2.776

Testing Global Null Hypothesis：BETA＝0 Test Chi-Square DF Pr＞ChiSq	
Likelihood Ratio Score Wald	212.9440　9＜.0001 176.8037　9＜.0001 0.1859　9　1.0000

(a)

Model Fit Statistics Intercept Intercept and Criterion Only Covariates	
AIC sc -2Log L	217.720　22.781 220.956　55.145 215.720　2.781

Testing Global Null Hypothesis：BETA＝0 Test Chi-Square DF Pr＞ChiSq	
Likelihood Ratio Score Wald	212.9395　9＜.0001 176.2224　9＜.0001 0.2633　9　1.0000

(b)

图 6.1　Logit 模型结果

表 6.10 为以竞争战略为因变量的 Logit 模型参数及检验结果。

表 6.10　以竞争战略为因变量的 Logit 模型参数及检验结果

Model（模型）	Unstandardized Coefficients（非标化系数）		Standardized Coefficients（标化系数）	*t*	Sig
	B	Std. Error（标准差）	Beta		
1（Constant）	0.165	0.047		3.494	0.001
是否为象征型产品	−0.009	0.038	−0.011	−0.249	0.804
是否为功能型产品	−0.121	0.042	−0.133	−2.858	0.005
所在行业竞争程度	0.007	0.012	0.110	0.604	0.547
是否为最终品	−0.017	0.018	−0.019	−0.994	0.321
产品是否涵盖多个价值链环节	−0.171	0.047	−0.175	−3.633	0.000
主产品是否跨价值链	0.143	0.047	0.147	3.051	0.003
主产品在与上下游的交易过程中的信息不对称	0.012	0.027	0.008	0.442	0.659
主产品在与上下游的交易过程中的议价能力	0.856	0.026	0.862	32.771	0.000
是否提供基础服务	0.242	0.057	0.080	4.266	0.000

表 6.11 为以商业模式为自变量的 Logit 模型参数及检验结果。

表 6.11　以商业模式为自变量的 Logit 模型参数及检验结果

Model（模型）	Unstandardized Coefficients（非标化系数）		Standardized Coefficients（标化系数）	t	Sig
	B	Std. Error	Beta		
1（Constant）	1.026	0.048		21.197	0.000
是否为象征型产品	0.041	0.038	0.046	1.069	0.286
是否为功能型产品	0.009	0.043	0.010	0.200	0.842
所在行业竞争程度	–0.012	0.013	–0.018	–0.948	0.345
是否为最终品	0.010	0.018	0.011	0.560	0.576
产品是否涵盖多个价值链环节	–0.480	0.048	–0.492	–9.940	0.000
主产品是否跨价值链	–0.482	0.048	–0.494	–10.059	0.000
主产品在与上下游的交易过程中的议价能力	–0.046	0.027	–0.046	–1.710	0.089
是否提供基础服务	–0.023	0.058	–0.008	–0.398	0.691

从模型结果可以看出，其整体解释能力是非常好的，说明上述指标可以很好地刻画企业运营和其商业模式、竞争战略之间的关系。对于新兴企业而言，可以根据模型中自变量刻画企业自身的运营情况，通过该模型计算出企业应选择的商业模式和竞争战略；对于成熟企业而言，同样可以通过上述方法来调整自身的商业模式和竞争战略，而在两种模式都确定的情况下，反向计算该模型得出相应的自变量指标，则可以对企业的运营进行进一步的指导。

在对系数的检验方面，两个模型中变量⑤和变量⑥所刻画的价值链因素、价值链环节因素的参数非常显著，可见产业链因素在企业商业模式和竞争战略中的重要性。其他有一些变量不显著的情况，很大程度上是由于指标之间存在共线性，且样本仅包括了我国上市企业，样本之间存在一定的同质性。若将样本扩充为全球创新企业，可以使模型达到更好的效果。

6.4　启迪与小结

本章首先采用卡方检验，针对竞争战略-产品类、商业模式-主产品是否跨价值链、商业模式-产品是否涵盖多个价值环节进行了检验，以 Logit 模型分别验证了所提出的研究假设，并且有效通过，这充分论证了本书中所提出的理论假设是有效的。同时，在此也给出了深化基于竞争战略的商业模式创新理论应用的启迪。

第一，根据产品服务类型确定低成本或差异化竞争战略。通过验证，确认针对功能型产品而言，消费者更多关注其价格，那么为了获取高收益，企业必须通过实施低成本战略去赢得市场竞争，赚取高于行业的利润。相反，如果采用差异化战略，则有可能因为消费者并不认可产品溢价，其不但市场份额有可能被竞争对手侵占，而且企业利润也会大幅度下滑。在验证中，也确认了针对风格型和象征型产品而言，要更多地通过差异化战略实施，方可获得消费者认可，其中有关差异化目标方向，主要根据企业所确定的目标市场需求特点而确定。在这两种产品类型中，企业尽可能规避低成本战略，走差异化道路。

第二，依托价值链理论制定有关商业模式分析、设计、创新的理论工具。本节已经验证了所提假设的有效性，因此可以将验证过的假设作为判断企业商业模式类型的重要工具，为决策者提供选择商业模式或商业模式创新方面的判断依据。作为企业家则根据企业在价值链上现有布局、从事主要价值活动、市场机遇及与价值链上的利益相关者之间的交易结构，结合企业自身关键资源能力、现有业务系统等商业模式要素，从四类商业模式中选择自身商业模式的创新方向，由此可以进一步研究，去构建更加具体的具有可操作性的商业模式创新分析、设计、实施的理论工具，以指导实践活动。

总体来看，实证研究验证了前面提出的理论假设，进一步为基于竞争战略的商业模式创新理论提供了坚实的基础。

第7章　基于竞争战略的商业模式创新应用案例研究

7.1　新特能源公司简介

7.1.1　基本情况介绍

新特能源（股票代码：HK 1799）整体概况已经在上文中做了阐述，本章主要以其光伏工程业务发展为分析重点。在工程业务领域，已经形成以光、风、火等电力工程服务为核心的主营业务结构，根据客户所需，主要采用PC、EPC或BT承包模式为光伏、风电项目提供工程建设承包服务。当前已经在光伏工程领域，拥有全球第二、中国第一的光伏EPC能力，市场份额占到6.3%，销售收入从2008年的3.52亿元增长至2015年的72亿元，销售收入复合年增长率53.91%，从事工程业务员工人数2400人。

7.1.2　行业背景介绍

为了应对全球气候危机，光伏、风力发电数量日益增多，过去10年光伏发电和风力发电都大幅增加，其中光伏发电从2005年的1.4GW增至2018年的100GW，复合年增长率为39%，风力发电从2005年的11.7GW增至2018年的53.9GW，复合年增长率为12.5%。根据WOOD Machenzie报告，2018年全球风电新增装机容量50.2GW，同比增长4%。全球年风电装机量将于2019年至2028年间按复合年增长率5.3%增长，2019～2028年新增容量达到723GW。未来十年，中国风电市场的年均新增装机容量将达到25GW；根据IHS Markit报告，2018年全球光伏新增装机容量103GW，2019年预计全球光伏市场将恢复25%的同比增长，达到129GW；2019～2022年按复合年增长率5.6%增长，2022年全球光伏新增装机容量将达到152GW。

在新能源产业迅猛发展的同时，伴随着国家电价补贴的不断下调，并且根据国家可再生能源发展规划要求，光伏在2020年售电侧平价上网，2025年发电侧平价上网，风电在2020年实现发电侧平价上网。

7.2　推行低成本领先战略

新特能源整合的下属公司从2001年就开始做太阳能离网工程项目，而离网工程主要是国家为了解决边远地区农牧民用电问题的政治工程项目，促进了企业的发展，但是 2008 年之后，该类项目大幅度缩减，只能依靠在市场上获取的零星招标类项目维持惨淡的经营，这种状态一直持续到 2010 年政府出台支持大型光伏并网发电业务的政策后，才有了喘息的机会，为了抓住市场机遇，成为行业领导者，在当年就针对光伏发电产业的发展，经过仔细研究论证，新特能源提出了“成为提供度电成本最低的绿色、智慧能源服务商”的低成本竞争战略。那么，如何实施这一低成本领先战略呢？低成本领先战略是否就能解决现实问题呢？在这一过程中遇到了尴尬的现实。

在确定了低成本领先竞争战略以后，公司主要从以下几个方面开展了工作：①强调规模经济，扩大市场营销团队和施工力量，争取更多的订单；②加强技术创新，尽可能围绕客户需求，对工程项目进行全方位优化，在保证质量的前提下，通过优化设计降低成本；③精简工程项目管理人员，提高工作效率，并且开展每个项目独立核算，实现精细化管理；④全方位加强对供应链的管理和控制，降低采购成本。应该说 2010～2012 年两年中，该战略得到了比较好的贯彻，企业规模迅速扩展，经济效益也明显有了比较大的提升和进步，但是进入 2013 年之后，低成本竞争战略反而失灵了。在投标过程中，2013 年以前都是行业领导者，然而这之后，很多项目的招标价竞争更加激烈，价格更低，从而陷入恶性竞争的格局，就算是中标了，毛利率也仅仅在 6%左右，剔除三项费用，最后发现年底利润寥寥无几。到底是什么原因让该战略失灵呢？通过仔细分析会发现有如下问题。

该类工程项目进入壁垒相对较低，来自传统电力、铁路、水利、建筑、设备供应商等领域的竞争对手都可以较为方便地进入该领域，从而导致行业内部竞争非常激烈。企业之间的技术差距相对有限，难以通过技术创新来获取明显的竞争优势。业主对工程项目成本非常关注，基本上都是采用最低价中标方式中标。国内业主处于强势地位，还经常因为资金等问题导致履约困难，拖欠大量应收账款，不但影响了企业回款进度，也增加了企业财务成本，而且为了回款还需要花费大量营销费用。

以上问题成为阻碍公司通过实施低成本领先战略获取价值的主要因素，从而按照惯常思维采用低成本领先战略基本让企业走进一个进退两难的困境，路该向何处去？在竞争战略百思不得其解的情况下，新特能源开始将创新视野转向了如何通过商业模式创新创造利润。

7.3　寻求商业模式创新之路

2013 年全年新特能源就围绕“魏朱商业模式六要素模型”探寻商业模式创新之路，主要从以下两方面进行分析。

第一，分析利益相关者，主要去发现每类利益主体的关键资源能力是什么、有什么权利、有什么诉求、如何与他们进行合作创造价值。

第二，分析全产业全生命周期价值及价值分布情况；开展该项工作的目的就是发现利润区在何处，发现了利润区后，就知道该如何设计商业模式，也就能够清楚如何提升和完善有关关键资源能力、业务系统等工作。

由于现实经营中，新特能源主要从事风电和光伏两类工程服务业，但是从商业模式角度来看，所从事两个行业因为行业生态系统高度相似，企业所应用的商业模式也是高度相近的，所以在分析中不再刻意区分，两类业务具体分析如下。

7.3.1　利益相关者分析

风电和光伏行业所面对的利益相关者主要由政府、金融机构、运营商、EPC总承包商、开发商、设备供应商、劳务分包商七类利益相关者组成，每类利益主体都拥有不同的资源和权利，对这个生态系统的发展及演变起着重要作用，尤其前三者具有更大的话语权。

（1）政府：其主要权利在于制定行业电价政策，制定能源发展规划，确定并分配电站投资建设指标和审批相关文件；对产业发展具有举足轻重的地位，也是电站开发资源的拥有者、电价补贴成本的承担者。在实际中政府主要分为县级、地区级、省级和国家级四层，分别由不同的具体部门构成，在此统一简化为“政府”。

（2）金融机构：主要由商业银行、金融租赁公司、政策银行利益相关者构成，它们主要拥有的庞大的金融资源，能够以中长短期贷款、金融租赁等方式融资，无论是对于运营商，还是EPC总承包商的经营行为均有重要的影响作用，但是金融机构在决定是否开展相关业务时，主要从项目的经济效益及履约方相关资信情况评审。

（3）运营商：主要指的是从事风电、光伏发电业务投资经营的企业，既有大型国有企业，又有众多民营企业和基金公司，从当前来看，前者居多。运营商从事的电站投资模式主要分为两类：第一类，由自己开发，获取政府相关批文，并获得银行贷款，然后通过招标方式，选择总承包商或者分包商，项目建成后，从事长期运营业务。第二类，直接从其他企业处购买电站资产，然后长期持有运营。

（4）EPC总承包商：主要通过招标方式获得订单，为运营商提供工程服务业务，但是不同的EPC总承包商拥有的资源能力各不相同，在该行业主要表现为三个突出方面：其一，总承包商是否具有融资能力，如果具有融资能力，则可以解决部分缺乏融资能力的运营商投资问题；其二，总承包商是否能够获取有关电站投资相关批文的能力，如果具备获取政府批文的能力，则可以解决部分运营商缺乏电站批文的问题；其三，总承包商是否具有相关设计资质，如果具备了设计资质，则开展工程业务过程中的沟通效率会大幅度提升，有利于工程项目的顺利完成。

（5）开发商：主要资源能力在于能够从政府处获取电站开发有关批文的能力，开发商作为利益主体，既可以是运营商，也可以是总承包商，还可以是供应商，或仅仅负责政府批文的公司或者个人。

（6）设备供应商：主要是生产组件、风机、塔筒、支架、电气设备等的利益主体，不同设备供应商也具备不同的关键资源能力，有的具有很强的市场开发能力，有的具备电站资源开发能力，有的也同样开展电站投资运营业务。

（7）劳务分包商：主要从事土建、电气工程施工业务，从总体来看，相对实力较弱，绝大多数不具备除了施工领域以外的关键资源能力。

（8）其他利益相关者，如电站监理、电网公司、设计公司等。

利益相关者生态如图 7.1 所示。

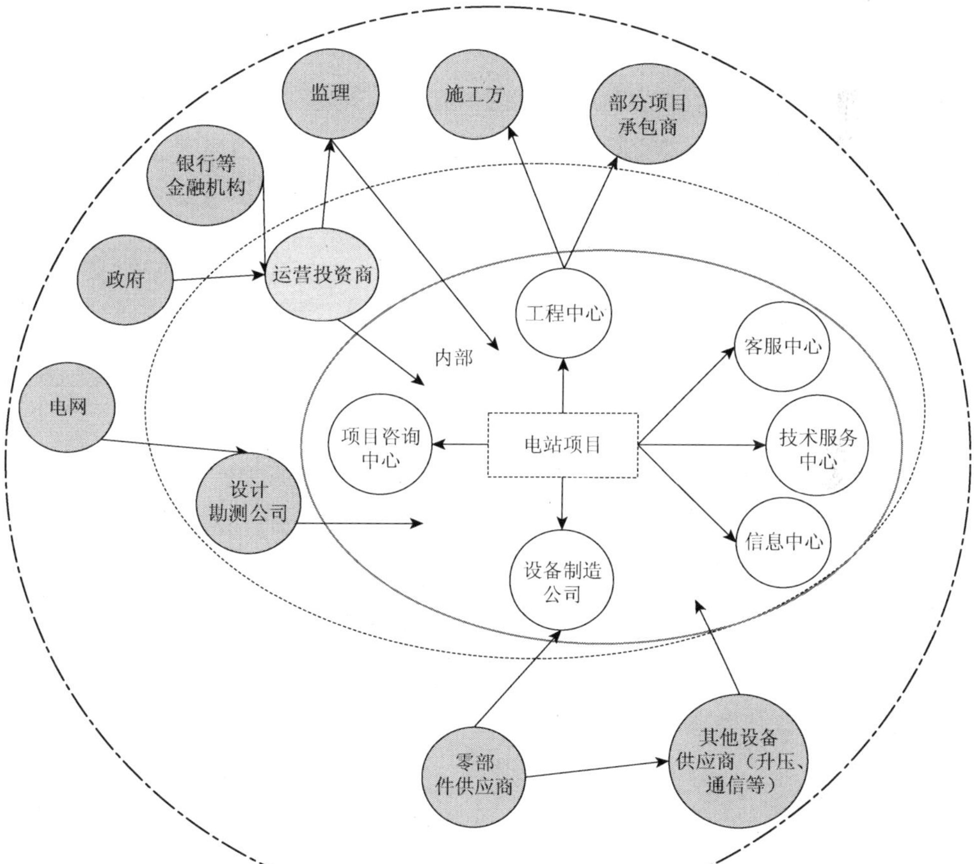

图 7.1　风电、光伏行业利益相关者生态图

7.3.2　分析新能源产业全生态全生命周期价值分布

为了更加清晰地确定商业模式创新方向和确定竞争战略，在对新能源产业生态系统分析基础上，针对全生态全生命周期价值分析研究，主要从全生命周期价值净值、产业价值分布、选择切入价值区三个方面进行。

1. 确定全生命周期价值净值

全生命周期价值净值是指系统地评价与一项资产有关的并在其生命周期内从获取直到处置所发生的所有价值与相关成本费用之间差额的评价方法。具体公式如下：

$$\mathrm{WLV}=\sum_{x=1}^{n}\frac{\mathrm{ARPU}_x-\mathrm{Costs}_x}{(1+\mathrm{WACC})^x}$$

其中，ARPU 为每个电站的平均收入；Costs 为在给定时期内，对支撑用户的成本；WACC 为加权资金成本；n 为逆向的生产，$n=1/$［年生产］。

$$\mathrm{WLC}=C_0+\sum_{t=0}^{T}O\times\mathrm{PV}_{\mathrm{sum}}+\sum_{t=0}^{T}M\times\mathrm{PV}_{\mathrm{sum}}-S\times\mathrm{PV}$$

其中，$\mathrm{PV}_{\mathrm{sum}}=\dfrac{(1+r)^t-1}{r\times(1+r)^t},\mathrm{PV}=\dfrac{1}{(1+r)^t}$；$C_0$ 为初始化建设成本；O 为运营成本；S 为残值；$\mathrm{PV}_{\mathrm{sum}}$ 为现值和；T 为生命周期；t 为时间变量；r 为折现率；PV 为折现系数。

$$\mathrm{WLA}=\mathrm{WLV}-\mathrm{WLC}$$

在光伏或者风力发电领域，每个项目的全生命周期价值总值主要取决于电价、发电量及年度费用，其中电价、年度费用是常数，发电量根据电网需求进行调度，可以预测未来电网会优先收购新能源发电，这样该数值也会成为常数，由此可见，WLV 与 WLC 之差的最大额就来自于如何降低发电成本！也只有在 WLC 最低的前提下，该项目所获取的全生命周期净值最大。现在以实际已经建设完成的位于新疆哈密地区柳树泉镇的一个光伏电站为例，解释开展商业模式创新的分析思路，如图 7.2 所示。

基本数据	项目容量	20MW	项目总投资	24.045万
	发电量	3 000万kW·h/年	经营期平均上网电价（含税）	1元/(kW·h)
	20年平均运维费用	0.010 6元/度	运营年限	25年
	融资比例	80%	融资年限	15年
	资本金内部财务收益率	8.41%	投资回收期	10.4年

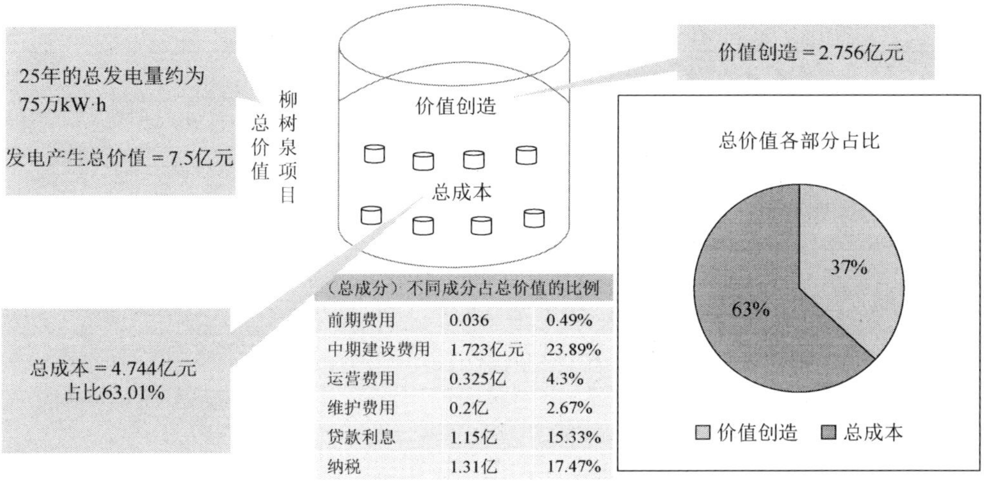

（总成分）不同成分占总价值的比例		
前期费用	0.036	0.49%
中期建设费用	1.723亿元	23.89%
运营费用	0.325亿	4.3%
维护费用	0.2亿	2.67%
贷款利息	1.15亿	15.33%
纳税	1.31亿	17.47%

图 7.2　光伏电站全生命周期价值图

以“农十三师柳树泉项目”为例，分析其全生态全生命周期价值

从以上分析可得出一个结论，从事光伏电站投资、设备生产制造、劳务等工作具有较好的利润空间，为从事该行业工作的企业提供了判断的基础。

2. 分析产业价值分布区域

得出结论后，就必须要分析清楚，在整个光伏产业生态系统中，各个从事设备制造、各项工程服务、投资运营、金融服务等利益主体分享的价值如何。一个项目全生命周期价值净值的高低是由当时的投资环境、技术、管理等水平所确定的，而所产生的净值在生态系统内各个利益相关者之间及不同时间维度之间的分配却是多个利益相关者博弈的结果。可以说，在既定的时间点上，全生命周期价值净值是确定的，即蛋糕是确定的，各利益主体之间需要迅速通过获取有利地位，依靠各自实力进行博弈，谁的地位高、实力强，那么获取的价值也就越多，其利润也会越好，分析该问题，需要从两个维度进行。

第一，立足于工程项目投产时，所有产品服务均已经固化在最终项目中，可以研究各项产品服务中内含价值的分布。

表 7.1 中涉及的利益相关方主要都是建设过程中出现的设备和劳务供应商。由于这些产品或服务提供商基本上都是按照招标方式确定，在绝大多数情况下，不会形成特定的价值沉淀区，所以它们获取的利润主要按照市场环境进行，一般都是获取平均利润。

表 7.1　光伏电站全生命周期价值分布表

利益相关方	交易价值/万元	占比
设计院	105	0.69%
项目咨询公司	5.5	0.04%
环评报告、灾评报告及科研报告出具方	315.8	2.07%
政府（土地费用）	103.25	0.68%

<table>
<tr><th>利益相关方</th><th>交易价值/万元</th><th>利益相关方</th><th>交易价值/万元</th><th>占比</th></tr>
<tr><td rowspan="6">设备供应商</td><td rowspan="6">11 463.67</td><td>电池组件供应商</td><td>8 275.44</td><td>54.31%</td></tr>
<tr><td>逆变器供应商</td><td>1 260</td><td>8.27%</td></tr>
<tr><td>支架供应商</td><td>887.5</td><td>5.82%</td></tr>
<tr><td>一次设备供应商</td><td>513.95</td><td>3.37%</td></tr>
<tr><td>二次设备供应商</td><td>39.7</td><td>0.26%</td></tr>
<tr><td>其他设备供应商</td><td>487.08</td><td>3.20%</td></tr>
<tr><td>线缆供应商</td><td>580.04</td><td></td><td></td><td>3.81%</td></tr>
<tr><td rowspan="10">建安工程承包商</td><td rowspan="10">2 665.49</td><td>场地平整</td><td>83.65</td><td>0.55%</td></tr>
<tr><td>围墙围栏</td><td>26.48</td><td>0.17%</td></tr>
<tr><td>房屋建设</td><td>299.84</td><td>1.97%</td></tr>
<tr><td>支架基础</td><td>1 151.63</td><td>7.56%</td></tr>
<tr><td>设备基础</td><td>38.57</td><td>0.25%</td></tr>
<tr><td>场内道路</td><td>60.97</td><td>0.40%</td></tr>
<tr><td>场内排水沟</td><td>42.48</td><td>0.28%</td></tr>
<tr><td>电缆沟</td><td>92.06</td><td>0.60%</td></tr>
<tr><td>调试</td><td>45</td><td>0.30%</td></tr>
<tr><td>其他</td><td>477.6</td><td>3.13%</td></tr>
</table>

注：各利益相关方的价值空间根据一般各服务项目的平均利润率，估算不同利益相关方的价值空间。

第二，立足于时间维度，考虑在整个生命周期全过程中，价值在前期、建设及运营各个环节的分布情况，进行全生态全生命周期价值分析，具体如图 7.3 所示。

分析发现，光伏电站、风力发电的前期是高价值沉淀区，中期光伏电站建设绝大多数都是获取平均利润，光伏电站运营环节在未来将会成为较高的价值沉淀区，主要理由为：光伏电站补贴问题得以解决、国家能源局推行的全额收购可再生能源政策及社会无风险利率下降都为光伏电站运营创造了空间。

前期：光伏电站前期费用			中期：光伏电站建设费用			后期：光伏电站运营维护费用		
利益相关方	交易价值	价值空间	利益相关方	交易价值	价值空间	利益相关方	交易价值	价值空间
光伏电站设计院	105	31.5	项目总承商	16 920	1 692	光伏电站运维服务方	1 989.16	596.745
项目咨询公司	5.5	1.65	电池组件供应商	8 275.44	1 655.1			
可研报告出具方	315.8	94.74	逆变器供应商	1 260	252			
			支架供应商	887.5	177.5			
			线缆及其他	1 620.77	324.2			
			建安工程承包商	2 665.49	399.8			
注：前期费用涉及开发、咨询、可研报告等，毛利率超过30%			项目总承包毛利率10%；设备供应商毛利率20%；建安工程承包商毛利率15%			光伏电站运维毛利率30%		

图 7.3　光伏电站全生命周期价值分配图（单位：万元）

各利益相关方的价值空间根据一般各服务项目的平均利润率，估算不同利益相关方的价值空间

通过全生命周期价值净值在价值链上及时间维度上的分布，可以清晰地了解到哪些环节沉淀了较多的价值，哪些环节沉淀价值较少，沉淀价值多的环节意味着从事该环节的产品或服务能够获取更高的利润，反之亦然。那么，这就为如何进行商业模式创新、制定竞争战略提供了方向。

基于以上价值分布分析，结合企业关键资源能力，可以得出以下结论。

大多数设备供应商、劳务分包商所占有的价值分布区域属于市场化利润区，通过市场化合作更加有效率。

在设计、咨询等领域具有较高利润，并且设计业务利润绝对值贡献并不大，但是现实经营中能够直接制约整个工程项目的进度，如果内部化，自己拥有电力设计院，则不但能够提高对工程项目的服务质量，而且能够通过进一步优化、标准化设计，更加有效地提高工程效率和降低成本。

电站前期开发成本低，但是电站有关批文市场价值远远高于成本，且电站批文是稀缺资源，很多电站运营商非常愿意高价购买电站批文或建成的电站项目；恰恰新特能源所在地新疆具有得天独厚的地利、人和优势，能够低成本获取相关批文；进入该领域具有非常大的战略价值。

电站运营环节在 2013 年前后，由于设备成本造价高、财务费用也高等，也只能获取 8%左右的净资产收益率，暂时没有投资价值，但是后期随着工程项目造价及利率下调等因素影响，项目投资价值越加明显，从而在 2015 年开始具有了明显的投资价值。

7.3.3 推动竞争战略与商业模式创新融合之路

在大型光伏或风力发电领域，作为系统集成商，为客户提供度电成本最低的解决方案是永远的主旋律，那么，实施低成本领先战略也是不二的选择。在竞争战略确定之后，应该选择何种商业模式，才能够满足公司发展需求呢？在工程服务领域，绝大多数总承包商都是实施的整合型商业模式，新特能源也如此，但是如何整合，整合哪些资源或利益相关者，应该具备或者培养哪些关键资源能力，整合步骤是什么，需要根据企业本身条件进行策划和开展。新特能源面对这些问题，坚持围绕提供“度电成本最低”的解决方案，结合上文针对价值分布分析的结论而开展工作，具体如下。

通过市场合作机制，整合优质设备供应商、劳务分包商，按照比较优势原理，建立强大的供应链体系。例如，在光伏组件产品领域，主要与中国前十家供应商合作。在 2012 年内部成立项目开发团队，以整合政府资源，获取大量风电、光伏电站批文，为商业模式升级做铺垫工作。在 2013 年注册了西安特变电工电力设计有限责任公司，申请了新能源设计资质，并具备了独立设计光伏和风力发电站的能力，为提升 EPC 工程对外服务能力和降低成本奠定了基础。利用信用平台，整合银行、产业基金公司等金融机构资源，为客户及自身提供低成本的融资方案。

以上创新思路的实施，促使新特能源走低成本整合型商业模式创新道路，具体反映在如下两个创新方面。

1. 实施成本驱动型创新，打造低成本领导者

为了打造低成本领导者，必须要从竞争战略和商业模式两个角度寻求成本降低方案。从竞争战略角度寻求成本降低已经有了很多方法，就不再赘述。在此主要强调从商业模式创新角度降低成本的方法。

（1）针对所有市场能够高效提供的产品或服务，均进行市场化采购。在发展过程中，公司还从事部分支架、组件、汇流箱、控制器等产品的制造，而由于缺乏规模经济性，且专业化程度比较低，内部供应产品成本高、质量差等问题普遍存在。为了提高供应链效率，降低成本，全方位将内部无效率业务进行剥离、清理，全方位让市场新的利益相关者供应。

（2）降低和供应商之间的交易成本。通过采用短名单制度，致力于同设备供应商、劳务分包商建立战略合作关系，大幅度精简内部招标、评标、荐标、签约等流程。例如，在招标方面，所有投标供应商不需要到现场，只需要通过网上电子采购平台投标即可，且部分常规产品，都可以不制作标书，只需要按

照标准报价即可；招标前，直接通过微信订阅号发布未来两周的招标信息，让供应商很方便地了解信息，提前做准备；是否能够参与投标，省去招标部门邀请供应商环节，直接由供应商自己申报即可，在合同签订方面，与供应商直接签订长期合同，商务条款全是评审过的标准条款，每次新合同下来的时候，直接签订合同金额，明确必要的技术标准即可。这些工作极大降低了供应链过程发生的成本。

（3）通过资源合作，降低同客户之间的交易成本。在整合政府资源后，也获取了一定的电站批文，而部分电站运营商虽然自己手中也拥有大量的电站批文，但是为了快速扩大经营规模，仍然希望拥有更多电站批文，在此情况下，本着互利共赢原则，对方将自己投资的电站项目的 EPC 总承包交给新特能源实施，而新特能源作为对等合作，也必须将自身持有的电站批文，按照双方商谈的价格、标准建设完成转卖给对方。这样不但极大地降低了营销费用等交易成本，而且迅速实现了电站 EPC 业务扩展，推动了公司从 EPC 向 BT 业务大规模的转变。对于公司盈利能力改善起到了明显作用。

（4）为客户提供低成本融资方案，提高市场竞争力。通过整合银行等金融机构，新特能源由于具有较好的银行信用评级，有能力按照银行要求的基准利率向客户提供一年期以内的融资方案，对于大多数客户而言，该融资成本具有较强的市场竞争力，也降低了项目建设成本，从而有效提升了市场竞争力。

2. 实施递进式创新，实现商业模式升级

新特能源通过实施递进式创新，围绕价值分布区，不断整合新的利益相关者，增强了相应的关键资源能力，实现了商业模式创新升级，具体过程为：PC→EPC→EPC + F→BT + F→BOO。其中，PC→EPC 阶段，主要在于增加了设计机构，强化提升了在供应链管理、技术、质量管理、工程管理等方面的关键资源能力；EPC→EPC + F 阶段，主要引进银行等金融机构作为利益相关者，增加了公司为客户提供融资解决方案的能力；EPC + F→BT + F 阶段，主要在前者基础上，继续整合政府资源，形成了新的交易结构，增加了获取政府风电、光伏批文的关键资源能力，从而能够实现向客户出售电站的新业务模式；BT + F→BOO 模式阶段，在于公司构建了新的融资平台，形成新融资模式，实现了从工程服务商向投资运营商的转变；在这一过程中，新特能源由 2012 年年收入 24 亿元，增长到 2018 年 120 亿元，实现复合增长率约 31%，实现了快速发展。具体内容如下。

1）以 PC 模式为主导发展阶段

PC 模式是指工程服务企业主要从事部分产品采购和施工的模式，工程方按照分包方提供的设计方案、时间表执行施工计划，但是不负责项目设计工作，甚至绝大多数情况下，项目所用主要设备也由分包方直接供应。具体如图 7.4 所示。

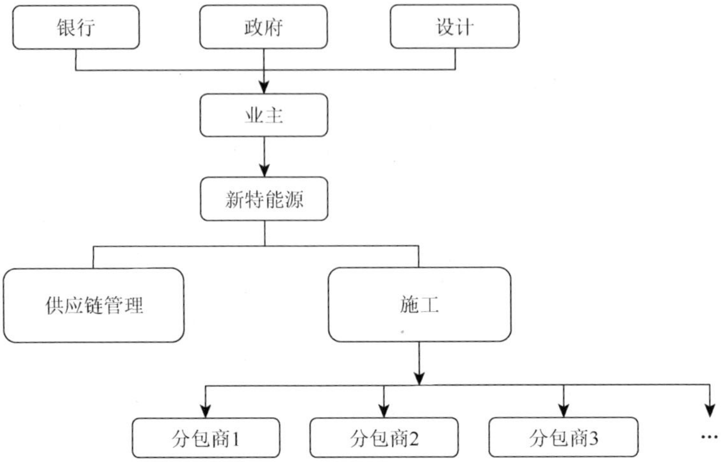

图 7.4　PC 模式交易结构示意图

在 PC 模式中，新特能源商业模式相对较简单，外部利益相关者主要有业主、少数设备材料供应商、少数劳务分包商三类，而对行业发展影响最大的利益相关者，如政府、银行却并没有与新特能源成为直接利益相关方，它们所具备的关键资源能力也不会被整合进新特能源的商业模式中。该类商业模式由于相对简单，进入壁垒也低，所以竞争相对激烈，企业所赚取价值能力也比较弱，随着企业规模增加，该模式已经满足不了发展需要，需要进行商业模式创新，提升其创造价值能力。

2）增强关键资源能力，提升设计能力，大力开展 EPC 业务

新特能源考虑大规模开展 EPC 业务的主要原因在于该业务单个项目签约额要比 PC 业务至少高 3 倍以上，在相同的销售收入规模情况下，通过 EPC 业务，会需要更少的营销、工程、管理、技术等人员，也会大幅度减少相应管理费用，也易于让有技术实力的企业体现出其成本控制优势，同时，竞争也相对较弱。

相对于 PC 业务，虽然 EPC 工程业务仅增加了工程设计环节，但是因为施工总承包方必须要承担所有工程责任，所以也相应地对总承包方的关键资源能力提出更高要求。主要表现在工程项目管理、关键设备材料供应链管理、设计技术、质量控制、资金实力、成本控制等领域。为了实现这点，新特能源通过从内部培育和整合新利益相关者两个方面，提升关键资源能力。内部培育方面，不是本书研究重点，在此省略。在整合新利益相关者方面，开展的工作如下：第一，根据 EPC 业务需要，针对设备、材料供应商、劳务分包商，建立高标准评级体系，开展认证评级工作，加大力度整合更加优质的供应商，全方位优化供应链结构。第二，由于设计方面的关键资源能力对 EPC 工程业务在成本、质量、服务及时性方

面影响巨大，所以考虑将该部分关键资源能力内部化培养为主，外部整合为辅。为此在 2013 年成立内部设计院，申请了光伏、风电领域设计资质。

从以上分析来看，从事 EPC 业务主要整合质量更高、数量更多的产品、服务供应商。该商业模式相对 PC 业务所需利益相关者更加复杂，从而也具备了更多与之配套的关键资源能力。具体如图 7.5 所示。

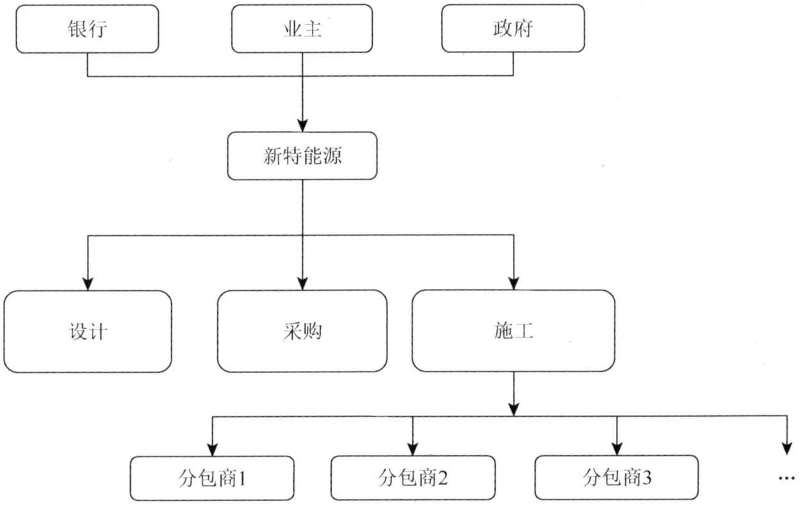

图 7.5　EPC 模式交易结构示意图

3）整合银行，解决融资痛点，推动 EPC + F 业务

该类型业务特点与EPC业务相比主要增加了银行等金融机构作为利益相关者主体，其目的在于解决部分融资能力弱或者内部体制原因不能及时融资到位的客户资金问题。由于中国融资环境较差，在市场上接订单时，经常会听到客户问“你们是否有能力垫资？如果有，那么这个订单就给你们了”类似的问题。研究认为这既是挑战，又是机遇。那么，如何通过创新，抓住机遇，创造价值呢？市场调研后，发现多数客户需求一年期左右的短期融资，也就是比建设期稍长时间的融资。为此，银行提出了由新特能源提供授信额度，并以信用方式对客户融资提供连带责任的融资性保理方案，客户履行第一还款责任，并且承担相关财务费用。该融资方案为新特能源工程业务开拓提供了非常有力的支撑，不但订单数量实现了高速增长，每年该类订单约占比 25%，而且订单毛利率也提升了 2 个百分点，从而实现了银行、客户和新特能源三者的共赢发展。该商业模式创新之处就在于利益相关者主体没有变化，但是结构发生了变化，主要表现在银行从 EPC 业务中直接和业主开展合作交易，转变为直接同新特能源开展合作交易，从而实现了商业模式的创新。具体如图 7.6 所示。

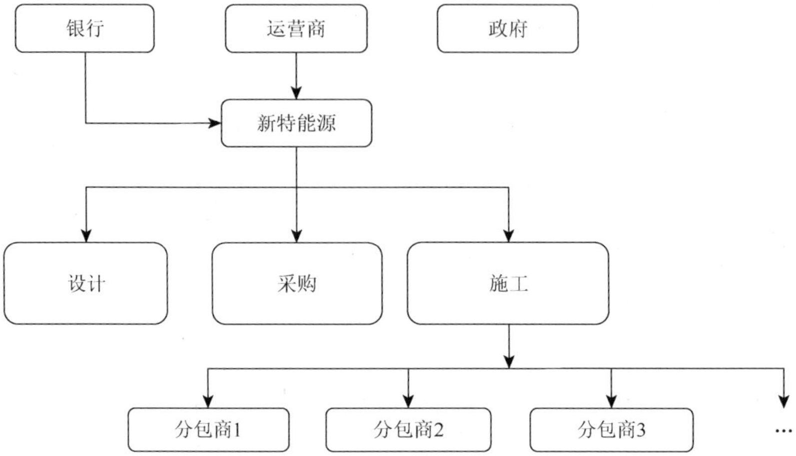

图 7.6　EPC + F 模式交易结构示意图

4）整合政府资源，推动 BT + F 业务快速发展

BT + F 模式与 EPC + F 模式的主要区别在于：该商业模式中，新特能源作为焦点企业整合了政府这一利益相关者，改变了交易结构，从而培育和发展了获取有关光伏、风电批文的关键资源能力，而光伏、风电批文是该行业中的稀缺物品，控制该资源不但具有较大的商业价值，而且具有较高的讨价还价能力。具体实现路径为：新特能源在获取相关批文后，公司自身按照潜在客户需求标准，建设风电或者光伏发电项目。同时，与投资运营商洽谈电站交易事宜。这不但带动了公司 EPC 工程业务的迅速发展，而且电站交易价格也由议价方式确定，该模式下，获得项目毛利率高于 EPC 业务 10%以上，极大提升了公司价值创造能力。具体如图 7.7 所示。

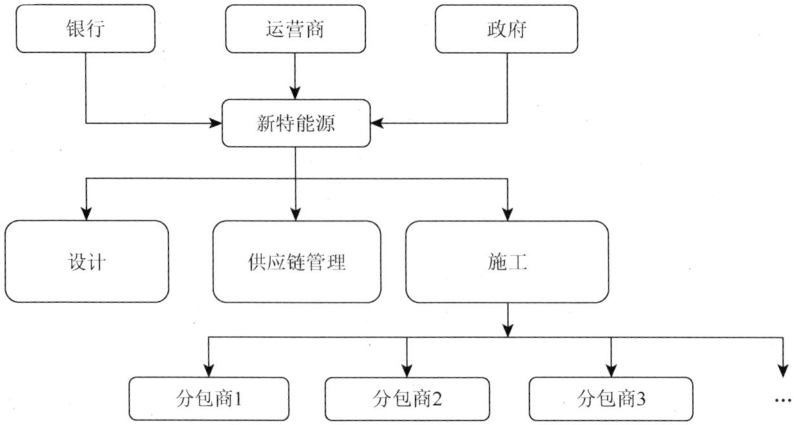

图 7.7　BT+F 模式交易结构示意图

5）创新融资平台，推行 BOO 业务

国内经济已经进入了新常态，无风险利率也伴随着国家经济低迷而呈现出逐渐下调的趋势，而投资风电或者光伏发电业务，将由于贷款利率的下调，产生较好的利润空间，预期电站投资收益率平均在 10%以上，这样也为公司开展运营商业务（即 BOO 业务）创造了良好的环境条件，但是从事该业务需要大量的资本及贷款，公司则围绕股权融资和项目融资开展了创新工作。在股权融资领域，公司于 2015 年 12 月在香港上市，引入了中民投、瓴睿一带一路投资公司等战略投资者，搭建了股权融资平台，为后续企业扩张创造了基础。在项目融资领域，公司除了继续维护同商业银行正常的贷款以外，也创新性引入致力于风电、光伏发电的产业投资基金，公司成立了电站资产管理公司，持有每个电站的 30%左右股权并从事电站资产管理工作，而引入的产业投资基金则作为优先股，可以持有电站的 70%左右，不参与电站运营业务，主要分享 6%以内的稳定投资收益。那么，引入产业投资基金后，通过杠杆效应，作为电站资产管理公司股权收益率能够从 10%提升到 19%左右。这样在此股权比例不被稀释的情况下，能够更加有效地提升公司净资产收益率。具体如图 7.8 所示。

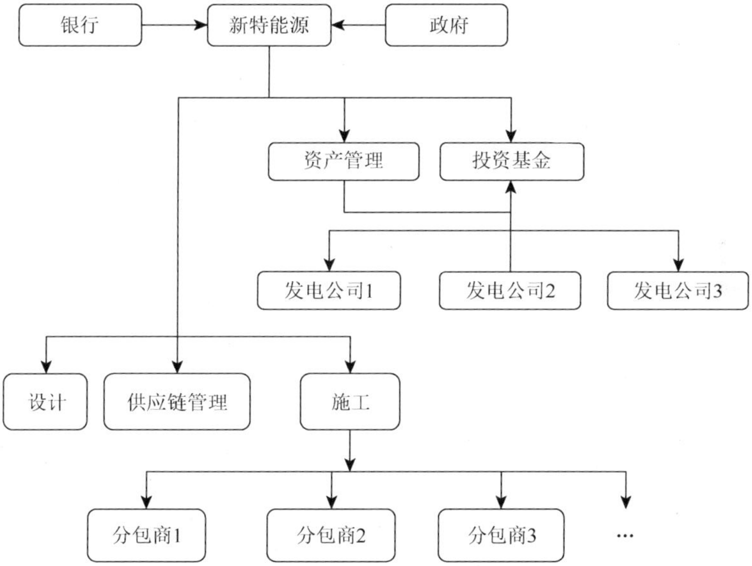

图 7.8　BOO 业务商业模式示意图

7.4　交易结构、博弈行为分析与价值创造

由于新特能源在商业模式创新过程中的主要措施之一就是调整利益相关者之

间的交易结构，而交易结构的变化直接影响了利益相关者的博弈行为变化及各方获取价值的能力和获取价值份额。本案例中，各方博弈行为发生根本转变的商业模式以 EPC 模式（也可以含融资部分）向 BT 模式转变，前者是由业主招标方式确定价格，往往会采取最低价中标规则，而 BT 模式却是由总承包商将发电厂向多个潜在业主出售，由此会形成潜在购买者以最高价或者次高价中标的模式，这对企业能力有极大的影响，具体分析如下。

目前通过招、投标获取项目业务已经成为各个工程企业发展和扩张中不可或缺的一种方式。招标、投标顾名思义是指在市场经济条件下进行的大宗货物的买卖所采用的一种交易方式。它可以有效地避免各种机会主义，不对称的信息对市场选择的影响，更加强调“最优技术”“最佳质量”“最低价格”等公司核心竞争力。

在市场竞争条件下，项目招标及报价是企业经济工作的重要内容，而投、招标的整个过程本质上就是招标公司与投标公司、投标公司与投标公司等之间的博弈过程。这些有着各自不同利益的主体在决策时相互作用和影响，成为博弈过程的参与者。所以用博弈的方法和理论分别讨论在 EPC 模式的项目和 BT 模式的项目下，公司在招标过程中如何进行最佳的决策，并指出在不同的模式下公司由于角色的不同所选择的投、招标策略的差异。

博弈论，既是现代数学的一个新分支，又是运筹学的一个重要学科，主要研究决策主体的行为发生直接相互作用时的决策及这种决策的均衡问题。从 1944 年现代系统博弈理论的初步形成到今天，博弈论蓬勃发展并被广泛地应用到各个领域，特别是“纳什均衡”在经济问题的研究方面贡献巨大，已经成为了经济学的标准分析工具之一。

一般地，一个博弈模型主要由三个要素构成：局中人集合({局中人 1，局中人 2，…，局中人 n})；每个局中人对应一个策略集合 $(\{S_1,S_2,\cdots,S_n\})$；每种策略组合对应着各个局中人的支付 $(\{u_i(s_1,s_2,\cdots,s_n)\mid s_i\in S_i, i=1,2,\cdots,n\})$ 目的是求得 $\{s_1^*,s_2^*,\cdots,s_n^*\}$，使得如下式子成立：$u_i(s_1^*,s_2^*,\cdots,s_i^*,\cdots,s_n^*)\geqslant u_i(s_1^*,s_2^*,\cdots,s_i^*,\cdots,s_n^*)$ $\forall i=1,2,\cdots,n$ 即给定其他局中人的策略，局中人 i 不能通过偏离 s_i^* 得到更多的收益，这种策略组合也被称为纳什均衡。博弈论大致可以分为合作博弈和非合作博弈，而非合作博弈主要包括完全信息静态博弈、完全信息动态博弈、非完全信息静态博弈和非完全信息动态博弈。以下分别针对 EPC 和 BT 两种模式分析其最优定价策略。

7.4.1　EPC 模式的项目定价策略的选择

假设公司在做一个 EPC 模式的项目，则在招、投标过程中扮演投标人的角色。

在与其他竞标人竞争和博弈的过程中，做出自己决策的时候并不知道竞争对手的决策，只能在根据自己的实际情况和对市场及对手的预测，并考虑其他竞标人可能的决策基础上制定出招标人可能接受的标书，并以密封的形式交送招标人，在开标之前，各个竞标人的报价等信息都是绝密的，因此这种招标符合不完全信息静态第一价格密封报价博弈模型，可以用相应的理论来解释和指导。

在建立博弈模型之前做如下合理假设。

（1）有 n 个投标人参与竞标，各自的成本用 v_i 表示。

（2）这是一个单物品招标，即招标项目是单一不可分割的。

（3）v_i 只有投标人 i 自己知道，其他投标人不知道 v_i，但是会认为 v_i 服从 $[0,1]$ 间的均匀概率分布，即大家公认的最大成本为 1，并且 $v_1,v_2,\cdots,v_n$ 是相互独立的，即每个投标人的成本不受其他竞标人的影响，即使第 i 个竞标人知道第 j 个竞标人 $(i\neq j)$ 的成本也不会改变自己的成本。

（4）对称性和风险中性，即每个投标人的最优策略函数相同，不同的是他们的成本，并且每个投标人的目标是最大化自己的期望收益。

在如上假设下，设第 i 个投标人的出价为 b_i，如果 $b_i\leqslant b_j,\forall j\neq i$，则 i 中标，其净收益为 b_i-v_i，否则其净收益为 0，所以第 i 个投标人的期望收益为

$$u_i=(b_i-v_i)\cdot P(b_i\leqslant b_j,\forall j\neq i)=(b_i-v_i)\cdot(1-b_i)^{n-1}$$

设投标人 i 的最优策略函数是 $b^*(v_i)$，则 u_i 应该在 $b_i=b^*(c_i)$ 时取到最大，即

$$u_i'\Big|_{b_i=b^*(v_i)}=0$$

求解如下常微分方程：

$$\frac{\mathrm{d}(b^*)}{\mathrm{d}v}-\frac{n-1}{1-v}b^*(v)=\frac{-(n-1)v}{1-v}$$

并代入边界条件 $b^*(1)=1$ 得到

$$b^*(v_i)=\frac{n-1}{n}v_i+\frac{1}{n}$$

由于 $v_i\leqslant 1$，所以，第 i 个投标人的最佳策略是根据投标人的人数，将成本加上最大报价减去成本的值除以投标人数以获取最大的期望收益。对于参与 EPC 项目的各个投标公司而言，面临的矛盾就是报价越低中标概率越大，但是收益越低，反之，收益越高面对的是越小的中标概率。上述模型显示投标人在投标过程中兼顾了中标概率和收益，模型理论上是该EPC项目各个投标公司会选择的最优策略。

7.4.2 BT 模式的项目定价策略的选择

该商业模式中，公司作为焦点企业整合了政府这个利益相关者，掌握相关领域的一些稀缺资源，按照潜在的客户需求标准，整合这些资源进行项目的设计、开发并且以拍卖的形式将项目出售给相关客户。

考虑 BT 项目的公司作为拍卖方会进行两种情形的拍卖，第一种就是公司拍卖以最高价格成交，目的是最大化自己的收益。这种情况下，同之前的假设，设有 n 个个人或企业参与，分别记为$1,2,\cdots,n$，v_i、b_i 分别为第 i 个人的保留价值和出价，满足 $b_i=\lambda v_i,\lambda\in[0,1]$，$v_i$ 服从$[0,1]$之间的均匀分布，并且这些个人或企业都是风险中性的投标人，则第 i 个人比第 j 个人出价高的概率是$\dfrac{b_i}{\lambda}$，所以第 i 个人出价为全场最高的概率是$\left(\dfrac{b_i}{\lambda}\right)^{n-1}$，因此第 i 个人出价 b_i 时的支付函数为

$$\left(\frac{b_i}{\lambda_i}\right)^{n-1}\times(v_i-b_i)=\frac{v_i}{\lambda_i^{n-1}}b_i^{n-1}-\frac{b_i^n}{\lambda_i^{n-1}}$$

可以求得在 $b_i=\dfrac{n-1}{n}v_i$ 时，第 i 个人的支付函数达到最大，也就是说，如果只有 n 个买方，则每个买方会以自己最大支付的一个比例出价。

可以看出，随着 n 的增大，投标人 i 的报价逐渐增加，当 $n\to\infty$ 时，$b_i\to v_i$，即随着招标规模的扩大，报价会逐渐趋于每个买方的最大支付。对于拍卖 BT 项目的新能源公司而言，只要吸引更多的企业或个人参与工程拍卖就可以使 BT 项目的拍卖公司拍卖资金最大化，并且潜在的拍卖最高价也随着企业数量的增加而增加。采取公开拍卖的方式，不但可以使潜在的拍卖价最大，而且各个买方的报价也更加接近于其可以为项目支付的最大价格，所以 BT 项目的拍卖公司就可以获得更多的价格收益，故采取公开招标方式是卖方的最优策略。

第二种情况是由于 BT 项目相对而言属于资产出售，资金量相对较大，且政策上也比较敏感，往往会由政府部门介入和监督，公司会更倾向于项目设施被拥有最高保留价值的个人或企业获得而不是最大化自己的收益，所以，公司在拍卖 BT 项目的时候，最优的拍卖策略是维克瑞拍卖，以保证拥有最大保留价值的个人或企业中标。维克瑞拍卖是指卖家在不知道各个买方的保留价值时，将项目卖给出价最高的个人或企业，但是以第二高的价格成交，如果出现两个或者更多相同的最高价，则会以投硬币等概率方式选择成交人。下面将用理论说明这种拍卖规则下，各个买方出价就是自己的保留价值，即这是一个“诚实”交易。

仍假设有 n 个个人或企业参与，分别记为$1,2,\cdots,n;v_i$和b_i分别为第 i 个人的保留价值和出价；设 $m_i = \max\{b_j, j \neq i, j = 1,2,\cdots,n\}$，即除了 i 以外其他 $n-1$ 个买方中的最高出价；用 $u_i(b_i\ m_i)$表示 i 的效用函数，下面将证明 $b_i = v_i$ 时 u_i 达到最大。

用反证法说明上述结论，假设 $b_i < v_i$，则有

$$u_i(b_i m_i) = \begin{cases} 0 & \text{如果} b_i < m_i \\ \dfrac{v_i - m_i}{r} & \text{如果} b_i = m_i \\ v_i - m_i > 0 & \text{如果} m_i < b_i < v_i \end{cases}$$

$$u_i(v_i m_i) = \begin{cases} 0 & \text{如果} m_i > v_i \\ v_i - m_i \geqslant 0 & \text{如果} m_i \leqslant v_i \end{cases}$$

可以看出，如果 $b_i < v_i$，则 $u_i(v_i m_i) \geqslant u_i(b_i m_i)$ 恒成立，理性的买家不会选择 $b_i < v_i$，所以有 $b_i \geqslant v_i$ 成立。

同理，假设 $b_i > v_i$，则有

$$u_i(b_i m_i) = \begin{cases} 0 & \text{如果} b_i < m_i \\ \dfrac{v_i - m_i}{r} < 0 & \text{如果} b_i = m_i \\ v_i - m_i \leqslant 0 & \text{如果} v_i \leqslant m_i < b_i \\ v_i - m_i \geqslant 0 & \text{如果} m_i < v_i \end{cases}$$

可以看出，如果 $b_i > v_i$，则 $u_i(v_i m_i) \leqslant u_i(b_i m_i)$ 恒成立，同样理性的买家不会选择 $b_i > v_i$。

所以可以得出以下结论，对于买方来说，提交一个等于其保留价值的报价对于维克瑞拍卖是一个占优策略，这里并没有做任何关于其他人战略的合理性假设，说明在这种拍卖模式下，无论买方对于别人的出价如何了解，都不会得出比等于保留价值的出价更好的结果，即诚实就是最好的竞拍策略，很多情况下，投标者之间的不对称、错误的评估、战略错误，使得“最高价”或者说第一价格拍卖方法的结果不是最优，而在维克瑞拍卖规则下，投标者的最好竞拍策略就是依照自己对标的物的评价而给出标价，因此不管是从个人收益还是从整体资源配置考虑，它使得对其他竞争对手的出价情况、投标策略和整体市场评估变得多余。

每个投标者只需要将他的努力和注意力放在从自身方面评价商品价值上，因此大量节省了脑力劳动和费用支出。因为每个人的出价都等于其真实的保留价值，所以资产最终会归于具有保留价值最高的人，而且节约可以导致更好的资源配置，并增加可被买卖双方分享的总收益。因为买方的信息搜寻费用减少

了，收益就会增加，这就会吸引更多人参与竞标，对 BT 项目的卖方而言也可能产生更高的价格，且最终项目的收益虽然没有达到拍卖公司的最大收益，但是公司仍然是将项目交易给了具有最大支付能力的企业，所以长远来看，这对于拍卖方而言是一个好的选择。所以这样的拍卖模式对于拍卖 BT 项目是最优的选择。

7.5 案例总结

以上案例基本上能够比较清晰地看到新特能源在工程业务领域按照低成本竞争战略，持续不断实施整合型商业模式创新的过程。从案例中总结了以下内容。

7.5.1 竞争战略与商业模式创新在实施内容与节奏方面相协调

新特能源从最初的 PC 类业务到 BT 类业务，自始至终都实施的是低成本竞争战略，这是由行业特点所决定的，但是每一阶段实施的低成本内涵并不相同，该内涵变化和商业模式创新是紧密结合在一起的。可以说，低成本战略决定了商业模式创新方向，而商业模式创新又强化了低成本战略。例如，在 PC 阶段，低成本主要关注的是施工成本最具有竞争力，而由于商业模式创新公司业务类型从 PC 阶段发展到 EPC 阶段时，不但追求施工成本最低，而且从设计阶段入手，追求设计出来的项目工程成本最低，然后随着公司业务发展到 BT/BOO 阶段，商业模式创新导致内涵更加丰富，企业不仅仅要围绕工程本身成本最优化，还得考虑该工程项目在建设期间财务成本也保持最低，尤其在 BOO 阶段，财务成本的高低已经决定了该项目未来是否长远持续发展，这时公司关注的是项目发电成本最低。由此可见，竞争战略与商业模式创新如同联体，在实施内容和节奏方面必须高度协调，才能取得好的绩效。

7.5.2 商业模式创新与组成要素内涵同步发展变化

商业模式创新结果最终都表现在有关组成要素内涵的变化上。首先是关键资源能力在量和质方面所发生的变化，从量的角度而言，是一个不断增强的过程。从质的角度而言，是新关键资源能力发展的过程。在新特能源案例中可以看到，PC 阶段，公司关键资源能力在于工程管理和市场营销能力；EPC 阶段，工程管理和市场营销能力进一步增强，并且培育了项目工程的设计能力，前者是量的增长，后者是质的变化；EPC + F 阶段，又培育了新的关键资源能力，就是必须要有强大的银行融资能力作为保障才能开展该类业务；而在 BT 业务发展时，又增加了获取政府批文的能力。其次，在公司商业模式定位要素上也同样发生了变化。从不同业务形式来看，公司定位也在不断变化，这不仅仅包括市场定位的变化，也包括了如何满足客户需求方式的变化。例如，作为 PC、EPC、BT 三类业务市场定位不同，满足客户的需求方式也不同。PC 阶段，企业主要提供工程施工服务即可；但是到了 EPC 阶段，则还得提供工程设计、统筹管理方面的服务；在 EPC + F 阶段，还得提供融资服务；在 BT 阶段，还得提供获取政府资源，提供项目资源的服务。最后，由于商业模式创新推动关键资源能力和定位变化，后续也自然引发了盈利模式、现金流结构和业务系统的变革，从而直接改变了企业的价值。

由此可见，在商业模式创新过程中，内部六要素都彼此先后发生着变化，如果彼此都能够相互适应，那么企业的发展速度会进一步提升，如果内部相互掣肘，则会阻碍创新，也阻碍公司的发展，所以商业模式创新主要高度关注各要素之间及各要素自身的协调发展。

7.5.3　商业模式创新提升企业博弈地位的改善

商业模式创新要点之一在于能够有效改善企业在利益相关者之间的博弈地位，新特能源在业务发展过程中，也不断伴随着企业博弈地位的提升，在 PC 阶段博弈地位最低，主要原因是该业务领域竞争者众多，是工程业务领域内最低端的业务环节，不但都是最低价中标，而且回款速度缓慢，对企业的经营带来巨大压力。到了 EPC 发展阶段，则相对来说，由于壁垒提升，竞争者数量下降，工程总承包商地位也相对得到了提升，在实施 EPC + F 模式后，此时进入壁垒进一步提高，往往一个项目仅仅由少数几个总承包商竞标，此时总承包商地位进一步提高，甚至在部分项目上已经和业务具有对等的谈判地位。在 BT 业务之后，可以说工程总承包商变成了工程服务商，此时和潜在业主之间的地位不仅更加平等，甚至在资源稀缺地区，工程服务商已经具备了更加优势的地位，其博弈地位进一步提升。这点可以从上文中所设计的博弈论模型中看出，公司拥有 BT 项目，且作为拍卖的一方比公司仅仅做EPC项目而作为投标人投标有更多的主动选择的权利，并且随着竞争者数量的增加，EPC 项目的收益逐渐减少，而 BT 项目的收益无论是哪种拍卖模式都会逐渐增加。到了 BOO 业务领域后，公司已经变成了运营商，已经和其他运营商具有同样的地位了。从以上发展脉络来看，在商业模式创新过程中，要不断改善自身的博弈地位，从而更好地获取价值链上的价值，也进一步改善公司的绩效。

7.6 小　结

本章以新特能源为案例，围绕该公司在发展中如何提升价值创造的主题，通过案例研究法，并引入博弈论模型，认为：首先，商业模式创新并不是独立于竞争战略而存在的，而是在竞争战略指引下才能够有效实现商业模式创新，两者在实施创新过程中，有关创新内涵和节奏都需要保持高度的协调，否则企业创新会受到阻碍，业绩受到影响。其次，商业模式创新都是通过各要素的发展而体现、实现的，要高度重视内部组成要素之间及各自发展与整体创新相吻合。最后，商业模式创新过程就是不断调整交易结构，改善企业自身博弈地位的过程，也只有提升了自身博弈地位，才有可能获取更多的价值。

第8章 结论与展望

商业模式创新是当前研究的热门课题，而基于竞争战略的商业模式创新理论研究又是更新的课题，其价值在于将竞争战略理论同商业模式理论第一次尝试性地结合起来研究，让竞争战略作为引导商业模式创新的有效工具，也让商业模式创新作为实现竞争战略目标的有效途径。本章主要是盘点研究成果，总结研究结论，并反思存在的不足和问题，对未来研究进行展望，为后续研究抛砖引玉。

8.1 研究结论

（1）以交易结构作为商业模式分类标准，提出新的四种商业模式类型。在研究中有关商业模式分类标准众多不一，影响了商业模式理论的进一步研究和应用，本书以交易结构为出发点，不但确定了交易结构作为商业模式分类的标准，而且提出了四种分类。具体逻辑为：不同商业模式对应不同交易结构，而有关焦点企业交易结构的差异性主要表现在从事业务三个方面，分别为是跨价值链，还是单条价值链；是在价值链上多环节，还是少数环节；是从事直接业务，还是提供基础服务。由此也就可以判断出焦点企业所对应的商业模式，即所对应的商业模式可以分为平台型商业模式、整合型商业模式、聚焦型商业模式和全能型商业模式四种。

（2）将竞争战略与商业模式理论进行融合，提出基于竞争战略的商业模式创新八种匹配策略。本书首次论证了竞争战略与商业模式理论融合的必要性和可行性，从必要性角度来看，商业模式相对于竞争战略视角更为广泛、系统、动态，而且商业模式是决定竞争战略是否成功制定的关键因素。从可行性角度来看，认为两者解决问题雷同、目标一致，价值链理论为两者共同的理论基础，商业模式对竞争战略的制定和实施起到有效作用。基于以上分析，又提出了基于竞争战略的商业模式创新理论，该理论包括竞争战略、商业模式、竞争战略-商业模式匹配创新模型、商业模式组成六要素等内容。在匹配创新模型中，分别将竞争战略分为低成本战略和差异化战略两个维度，将商业模式按照平台型、整合型、聚焦型和全能型四个维度，形成了低成本平台型、低成本整合型、低成本聚焦型、低成本全能型、差异化平台型、差异化整合型、差异化聚焦型和差异化全能型八种匹配策略，并且从以上八种情况下进行了分析，进一步阐释了该理论的内涵。

（3）提出商业模式创新类型，研究分析了商业模式创新的动力、途径及具体实现措施。首先，对商业模式创新的动力和途径进行了分析研究。商业模式创新动力主要表现在技术进步、竞争压力、市场需求变化、高层推动四个方面，针对商业模式创新途径，分别基于商业模式要素创新视角、创新程度视角、价值链和价值网视角、战略视角进行了研究分析。其次，从驱动要素角度，提出了商业模式创新可以分为成本驱动型商业模式创新和价值驱动型商业模式创新。再次，从创新程度角度，提出了商业模式创新可以分为递进式创新、突破式创新和组合式创新三种。这些理论的提出能够比较有效地为企业实践经营所运用。

（4）围绕所提出的理论，提出了有关八条验证假设，从竞争战略和商业模式角度选取了 14 项企业指标，并且将中国创业板上前 200 家上市公司选为样本企业，从中提取或计算相关数据、信息。首先，用卡方检验方法对指标和分类进行检验，以考察假设的可行性，其中进行了竞争战略-产品分类型检验、商业模式-主产品是否跨价值链检验、商业模式-产品是否涵盖多个价值链环节检验、商业模式-是否提供基础服务检验，通过检验，验证了前面所提出理论假设是成立的。其次，建立了 Logit 模型，分别以竞争战略和商业模式为自变量进行检验，从结果来看，整体解释较好，并在系数检验方面，两个模型中产业链因素和价值链环节因素的参数非常显著，样本量如果能够扩充到全球创新企业则会更好。

8.2 研究不足之处

（1）四类商业模式难以给予纷繁复杂的经营活动精准的指导。商业模式创新是个新课题，研究也处于初级阶段，不同学者各执己见，对于商业模式的分类也不尽相同。本书所研究的商业模式并不是仅仅定位于某个行业或者某个领域的企业商业模式，而是针对绝大多数企业的商业模式。以交易结构为判断标准，将商业模式分为四类，虽然这样更加利于实践和理论中记忆和应用，但是也出现了其中不足之处：就是相对于纷繁复杂的实际经营活动或者经营形式，四类商业模式还难以比较精准地解释和指导实践活动。

（2）有关案例研究深度和广度还不够。研究中虽然涉及了较多企业案例分析和研究，但是无论从案例研究，还是实证研究方面都还未能更加深入企业的实践活动搜集足够资料，而且也未能到实践中深刻体验和理解有关企业在商业模式创新方面所开展的具体活动，因此研究的深度和广度还需要继续深入和拓展。

8.3 研 究 展 望

（1）理论研究。目前有关基于竞争战略的商业模式创新研究依然处于初步阶段，很多问题还处于概念阶段、研究框架的讨论等，需要结合互联网等新型技术发展，进一步深入研究两者之间的内在深层次作用机理和关系。另外，在实际运营中，商业模式创新并不是单一的，而是在多个企业、多种业务、多种商业模式相互连接情况下，共同演化、创新实现的结果，笔者认为这部分是未来理论研究的重点之一。

（2）实证研究。通过实证研究方式对商业模式创新理论进行研究的内容很少，可以借鉴的资料和成果也非常有限，所以本书中，从实证模型设计、资料选取、数据处理等来看，都是初步探索和尝试。在此针对所提出的八个假设进行了验证，但是关于商业模式创新和绩效之间的关系及竞争优势之间验证未能开展，笔者认为这是后续值得研究的地方。

（3）案例研究。本书对新特能源进行了案例分析，但是该案例是低成本整合型商业模式的创新案例，而在其余七种类型的基于竞争战略导向的商业模式创新方面还没有开展案例研究，笔者认为这部分值得去研究。同时，还可以寻找一个商业模式共生体开展案例研究，这样能够更加清晰、全面、系统地剖析商业模式创新实现的条件、动力、途径和采用的策略。

参 考 文 献

阿德纳 L. 2014. 广角镜战略: 企业创新的生态与风险. 秦雪征, 谭静译. 南京: 译林出版社.

阿里研究院. 2015. 互联网+: 从 IT 到 DT. 北京: 机械工业出版社.

奥斯特瓦德 Y, 皮尼厄 Y. 2011. 商业模式新生代. 王帅, 毛心宇, 严威译. 北京: 机械工业出版社.

奥斯特瓦德 Y, 皮尼厄 Y, 贝尔纳达 G, 等. 2015. 价值主张设计: 如何构建商业模式最重要的环节. 余锋, 曾建新, 李芳芳译. 北京: 机械工业出版社.

贝赞可, 德雷诺夫, 尚利, 等. 2012. 战略经济学. 4 版. 徐志浩, 徐晨, 周尧, 等译. 北京: 中国人民大学出版社.

波特 M. 2014. 竞争战略. 陈丽芳译. 北京: 中信出版社.

蔡斯 L. 2015. 共享经济: 重构未来商业新模式. 王芮译. 杭州: 浙江人民出版社.

陈华平. 2015. 商业模式创新: 探索商业模式的未来之路. 北京: 人民邮电出版社.

陈明, 余来文. 2011. 商业模式: 创新的视角. 厦门: 厦门大学出版社.

陈倩如, 杨成森. 2011. 商业模式发展综述. 经济研究导刊, (19): 201-202.

陈威如, 余卓轩. 2015. 平台战略: 正在席卷全球的商业模式革命. 北京: 中信出版社.

初冬梅, 韩冰. 2011. 商业模式创新途径. 经营与管理, (6): 22-33.

戴伊, 雷布斯坦因. 2003. 动态竞争战略. 孟立慧, 顾勇, 龙炼译. 上海: 上海交通大学出版社.

蒂德 J, 贝赞特 Y. 2012. 创新管理. 4 版. 陈劲译. 北京: 中国人民大学出版社.

丁娟. 2002. 创新理论的发展演变. 现代经济探讨, (6): 27-29.

范伟达. 2001. 现代社会研究方法. 上海: 复旦大学出版社.

方振邦. 2007. 管理思想百年脉络: 影响世界管理进程的百名大师. 北京: 中国人民大学出版社.

方志远. 2014. 商业模式创新战略. 北京: 清华大学出版社.

弗鲁博顿 A, 芮切特 L. 2006. 新制度经济学——一个交易费用分析范式. 姜建强, 罗长远译. 上海: 上海人民出版社.

伽斯柏 H. 2010. 开放型商业模式——如何在新环境下获取更大的收益. 程智慧译. 北京: 商务印书馆.

高天亮. 2011. 基于价值网理论的商业模式研究. 广州: 世界图书出版广东有限公司.

高柱. 2011. 重构商业模式. 经理人, (3): 23-55.

格伦迪 T. 2005. 增长的战略. 海芳, 刘星译. 沈阳: 万卷出版有限责任公司.

郭毅夫. 2012. 中美上市企业商业模式对比与创新走向. 当代经济管理, (9): 25-29.

海斯特伯格 L, 维尔马 A. 2015. 互联网+技术融合风暴: 构建平台协同战略与商业敏捷性. 钟灵毓秀, 许凤銮译. 北京: 中国人民大学出版社.

韩炜. 2010. 基于商业模式创建的新企业成长过程研究. 软科学, (9): 95-99.

亨斯曼斯 M, 约翰逊 G, 叶恩华. 2015. 战略转型. 扈喜林译. 北京: 机械工业出版社.

胡梅林. 2014. 大转型——商业模式的革命与重建. 深圳: 海天出版社.

胡世良. 2013. 移动互联网商业模式创新与变革. 北京: 人民邮电出版社.
黄芳铭. 结构方程模式: 理论与应用. 北京: 中国税务出版社.
黄新华. 2005. 中国经济体制改革的制度分析. 北京: 中国文史出版社.
基利 L. 2015. 创新十型. 北京: 机械工业出版社.
纪慧生, 陆强, 王红卫. 2010. 商业模式设计方法、过程与分析工具. 中央财经大学学报,(7): 87-92.
江晓兴. 2012. 中国商业模式创新路线图. 北京: 中国财富出版社.
荆林波.2001.电子商务模式检讨.国际商务,（11）: 44-46.
景天魁. 1994. 现代社会科学基础（定性与定量）. 北京: 中国社会科学出版社.
卡尔森 K, 威尔莫特 W. 2007. 创新——变革时代的成长之道. 蒋怡, 黄水平译. 北京: 北京师范大学出版社.
柯武刚, 史漫飞. 2000. 制度经济学——社会秩序与公共政策. 韩朝华译. 北京: 商务印书馆.
科勒德克 G W. 2015. 21 世纪政治经济学. 龙云安译. 北京: 中央编译出版社.
科斯, 诺思, 威廉姆森, 等. 2003. 制度、契约与组织——从新制度经济学角度的透视. 刘刚, 冯健, 杨其静, 等译. 北京: 经济科学出版社.
克里斯蒂安森 J. 2011. 构建创新型组织. 潘建杰译. 北京: 经济管理出版社.
克里斯坦森 K M, 雷纳 M E. 2004. 困境与出路: 企业如何制定破坏性增长战略. 容冰译. 北京: 中信出版社.
库珀 T, 欣德勒 P. 2013. 企业管理研究方法. 孙健敏, 李原译. 北京: 中国人民大学出版社.
李东. 2014. 商业模式原理: 解密企业长期盈利逻辑. 北京: 北京联合出版公司.
李东, 苏江华. 2011. 技术革命、制度变革与商业模式创新. 东南大学学报,（2）: 31-38.
李锋贵, 余来文, 蔡辉. 2012. 商业模式与其他模式的关系. 现代企业,（1）: 11-23.
李其中. 2011. 物联网技术及其商业模式探讨. 商业时代,（18）: 44-45.
李万, 常静, 王敏杰, 等. 2014. 创新 3.0 与创新生态系统. 科学学研究, 32（12）: 1761-1770.
李伟毅, 李乾文. 2005. 创业视角下的商业模式研究. 外国经济管理, 27（11）: 33-34.
李雪蓉. 2016. 商业模式的文献计量分析. 系统工程理论与实践,（2）: 273-287.
李玉琼. 2007. 网络环境下企业生态系统创新共生战略. 北京: 经济科学出版社.
李长云. 2012. 新一代信息技术引致商业模式创新路径研究. 商业研究,（10）: 149-154.
李政勇. 2009. 商道逻辑——成功商业模式设计指南. 北京: 中国水利水电出版社.
里夫金 J. 2012. 第三次工业革命: 新经济模式如何改变世界. 张体伟, 孙豫宁译. 北京: 中信出版社.
里夫金 J. 2014. 零边际成本社会. 2 版. 赛迪研究院专家组译. 北京: 中信出版社.
利奥托德 B, 哈蒙德 M. 2015. 大数据与商业模式变革. 郑晓舟, 胡睿, 胡云超译. 北京: 电子工业出版社.
林桂平, 魏炜, 朱武祥. 2014a. 基于交易结构的商业模式构成要素分析. 商业时代,（28）: 89-93.
林桂平, 魏炜, 朱武祥. 2014b. 透析盈利模式: 魏朱商业模式理论延伸. 北京: 机械工业出版社.
林子鱼, 卢渐. 2011. 哪类商业模式最受宠. 21 世纪商业评论,（8）: 23.
刘力然. 2011. 电信运营商物联网商业模式研究. 北京: 北京邮电大学.
刘旗辉. 2010. 何为商业模式. 企业管理,（1）: 73-74.
罗珉, 曾涛, 周思伟. 2005. 企业商业模式创新基于租金理论的解释. 中国工业经济,（7）: 73-82.
吕鸿江, 刘洪. 2011. 基于匹配视角的商业模式与战略关系分析. 东南大学学报,（2）: 46-52.
马浩. 2015. 战略管理学精要. 北京: 北京大学出版社.

麦格拉思 L G, 麦克米伦 Y C. 2006. 重炮出击驱动企业快速成长的 40 种市场战略行动. 徐广彤, 蒲晓雨, 詹正茂译. 北京: 商务印书馆.
麦加恩 A M. 2007. 产业演变与企业战略——实现并保持佳绩的原则. 孙选中, 俞岚, 唐丽娟, 等译. 北京: 商务印书馆.
孟鹰, 余来文, 封智勇. 2014. 商业模式创新. 北京: 经济管理出版社.
米歇尔 • 罗伯特. 2009. 新战略性思考. 林宜萱译. 北京: 东方出版社.
明茨伯格. 2002. 战略历程: 纵览战略管理学派. 刘瑞红译. 北京: 机械工业出版社.
明茨伯格 H, 阿尔斯特兰德 B, 兰佩 Y. 2012. 战略历程: 穿越战略管理旷野的指南. 2 版. 魏江译. 北京: 机械工业出版社.
彭剑锋. 2013. IBM 变革之舞. 北京: 机械工业出版社.
彭歆北. 2008. 号码百事通业务商业模式研究. 北京: 北京邮电大学.
钱文霞. 2013. 高管团队特征对商业模式创新的影响研究. 济南: 山东大学.
钱忠好. 2000. 土地制度与土地产权关系之研究. 扬州大学学报, 人文社会科学版, (1): 65-70.
青木昌彦. 2001. 比较制度分析. 周黎安译. 上海: 上海远东出版社.
萨拉曼 G, 阿施 D. 2011. 战略与能力: 持续的组织变革. 锁箭, 等译. 北京: 经济管理出版社.
沈永信, 吕廷杰. 2011. 商业模式创新的五大基本理念. 企业管理, (3): 93-95.
史密斯 A. 2015. 价值主张设计: 如何构建商业模式最重要的环节. 余锋, 曾建新, 李芳芳译. 北京: 机械工业出版社.
史密斯 D. 2008. 创新. 秦一琼, 等译. 上海: 上海财经大学出版社.
司春林. 2013. 商业模式创新. 北京: 清华大学出版社.
斯卡辛斯基 B, 吉布森 L. 2009. 从核心创新. 陈劲译. 上海: 上海远东出版社.
孙永波. 2011. 商业模式创新与竞争优势. 管理世界, 2011 (7): 182-183.
汤姆森, 斯迪克兰德. 2000. 战略管理: 概念与案例. 段盛华, 王智慧译. 北京: 北京大学出版社.
唐斯 L, 纽恩斯 B. 2014. 大爆炸式创新. 粟之敦译. 杭州: 浙江人民出版社.
瓦格, 卡格, 伯特瑞特. 2014. 创新设计: 如何打造赢得用户的产品、服务与商业模式. 吴卓浩, 郑佳朋译. 北京: 电子工业出版社.
汪孔文. 2011. 互联网环境下零售商业模式创新. 泉州: 华侨大学.
王炳成, 李洪伟. 2010. 破坏性创新商业模式“合法性悖论”的突破方式研究. 科技进步与对策, (11): 140-143.
王冬, 吕延方. 2012. 交易环境属性、主体特征与纵向一体化. 中国工业经济, (1): 79-89.
王方华, 徐飞. 2009. 盈利模式 3. 0. 北京: 机械工业出版社.
王雎, 曾涛. 2011. 开放式创新: 基于价值创新的认知性框架. 南开管理评论, (2): 114-125.
王茜. 2011. IT 驱动的商业创新机理与路径研究. 管理学报, 8 (1): 126-132.
王锡秋. 2010. 基于商业模式创新的企业能力发展研究. 商业研究, (7): 193-196.
王鑫鑫, 王宗军. 2009. 国外商业模式创新研究综述. 外国经济与管理, 31 (12): 33-38.
王卓, 李剑玲, 丁杰. 2015. 商业模式创新与评价研究. 北京: 知识产权出版社.
魏炜, 朱武祥. 2009. 发现商业模式. 北京: 机械工业出版社.
魏炜, 朱武祥. 2010. 重构商业模式. 北京: 机械工业出版社.
魏炜, 朱武祥, 林桂平. 2012. 基于利益相关者交易结构的商业模式理论. 管理世界, (12): 125-131.
魏炜, 朱武祥, 林桂平. 2015. 商业模式的经济解释. 北京: 机械工业出版社.

翁君奕. 2004. 介观商务模式: 管理领域的“纳米”研究. 中国经济题,（1）: 34-40.
吴佩, 陈继祥, 史玉婷. 2014. 颠覆性创新产品低端市场进入最优定价研究. 系统管理学报, 23（1）: 149-152.
吴艳. 2012. 浅析“云计算”对新型商业模式形成的推动力. 辽宁科技学院学报,（2）: 43-44.
项国鹏, 周鹏杰. 2011. 商业模式创新: 国外文献综述及分析框架构建. 商业研究,（4）: 84-89.
徐耀. 2011. 中国互联网商业模式之殇. 企业管理,（1）: 46-47.
杨虎涛. 2011. 演化经济学讲义——方法论与思想史. 北京: 科学出版社.
姚伟峰. 2011. 公司治理与商业模式创新路径的选择. 商业经济与管理,（3）: 24-27.
姚伟峰, 卢桐. 2011. 利益相关者博弈对企业商业模式创新的影响. 中国流通经济,（1）: 81-84.
伊斯特伍德, 鲍尔. 2014. 商业模式重构: 大数据、移动化和全球化. 朱莹莹, 廖晓红, 陈晓佳译. 北京: 人民邮电出版社.
原磊. 2008. 商业模式分类问题研究. 中国软科学,（5）: 35-44.
张昊一. 2012. 基于涌现性的我国传统产业持续创新能力研究. 哈尔滨: 哈尔滨工程大学.
张纪元. 2011. 云计算产业链和基本特征及电信运营商的盈利模式. 广东通信技术,（8）: 5-7.
张敬伟, 2010. 商业模式的五种创新. 企业管理,（3）: 18-20.
张婷婷, 原磊. 2008. 基于“3-4-8”构成体系的商业模式分类研究. 中央财经大学学报,(2): 79-85.
张维迎, 孔翰宁, 奥赫贝. 2008. 2010 商业模式. 北京: 机械工业出版社.
张文松, 郝宏兰. 2012. 商业模式再造——中国企业转型的路径选择. 北京: 清华大学出版社.
郑翔洲, 叶浩. 2013. 新商业模式创新设计——转型重塑企业核心竞争力. 北京: 电子工业出版社.
郑翔洲, 叶浩. 2014. 资本与商业模式顶层设计. 北京: 电子工业出版社.
周萌萌, 徐彩红, 余来文. 2012. 卓望数码公司云计算商业模式. 江苏科技信息,（11）: 44-45.
庄建武. 2010. 基于构成要素的企业商业模式重塑问题探讨. 商业时代,（5）: 60-61.
Christensen C M, Raine M E. 2004. 困境与出路: 企业如何指定破坏性增长战略. 容冰译. 北京. 中信出版社.
Afuah A, Tucci C. 2000. Internet Business Models and Strategies. McGraw-Hill Higher Education: 180-204.
Amit R, Zott C. 2001. Value creation in E-business. Strategic Management Journal, 22（6/7）: 493-520.
Amit R, Zott C. 2011. The business model: Recent development and future. Research Journal of Management, 37（4）: 1019-1042.
Amit R, Zott C. 2012. Creating value through business model innovation. MIT Sloan Management Review, 53（3）: 41-49.
Applegate L M. 2001. E-business models: Making sense of the internet business landscape//Dickson G, Gary W, de Sanctis G. Information technology and the future enterprise: New models for managers. New York: Prentice Hall.
Chesbrough H W. 2006. Open business models: How to thrive in the new innovation landscape. Journal of Product Innovation Management, 17（4）: 406-408.
Chesbrough H W. Rosenbloom R S. 2002. The role of the business model in capturing value from Innovation: evidence from Xerox Corporation’s technology spin off companies. Industrial and Corporate Change, 11（3）: 529-555.

Dreisbach C, Writer S. 2000. Pick A Web Business Model that Works for You. http: //www.workz.com.

Elliot S. 2003. Electronic commerce: B2C strategies and models. European Journal of Information Systems, 12（1）: 72.

Faber E, Ballon P, Bouwan H, et al.2003.Designing business model for mobile ICT services. 16th Bled Electronic Commerce Conferencee Tranformation,Slovenia.

Gordijn J.2002.Value-based requirements engineering: Exploring innocative e-commerce ideas. Amsterdam: Free University Netherland.

Gordijn J, Akkermans H. 2001. Designing and evaluatinge-businesmodels.Intelligent Systems IEEE, 16（4）: 11-17.

Hamel G.2000.Leader the revolution. Boston: Harvard Business School Press.

Hamel G, Trudel J D. 2013. Leading the revolution.Journal of Product Innovation Management, 18（3）: 212-213.

Hawkins R. 2002. The phantom of the marketplace: Searching for new E-commerce business models. Barcelona: 24-26.

Hedman J, Kalling T. 2003. The business model concept: The oretical underpinnings and empirical illustrations. European Journal of Information Systems, 12（1）: 49-59.

Henderson R M, Clark K B. 1990. Architectural innovation: the reconfiguration of existing product technologies and the failure of established firms. Adminis-trative Science Quarterly, 35（1）: 9-30.

Henry. C. 2010. Business model innovation: Opportunities and barriers . Journal of Management Research, 43（2-3）: 354-363.

Joan M. 2002. Why business models matter . Harvard Business Review, 80（5）: 86-92.

Johnson M W. 2010. Seizing the White Space: Business Model Innovation for Growth and Renewal. Boston: Harvard Business School Press.

Johnson M W, Christensen C M, Kagermann H. 2008. Reinventing your business model . Harvard Business Review, 86（12）: 50-59.

Linder J, Cantrell S. 2000. Changing business models: Surveying the landscape.

Magretta J. 2002. Why business models matter . Harvard Business Review, 80（5）: 86-92.

Mahadevan B. 2000. Business models for internet-based E-commerce: An anatomy. California Management Review, 42（4）: 55-69.

Masanell C, Ricart J E. 2010. From strategy to business models and onto tactics. Long Range Planning, 43（2-3）: 195-215.

Masters R K, Hummer R A, Powers D A. 2014. Long-term trends in adult mortality for U. S. blacks and whites: An examination of period-and cohort-based changes. Demography, 51（6）: 2047-2073.

Michael R. 2004. The utility business model and future of computing services. IBM Systems Journal, 43（1）: 32.

Morris M, Schindehutte M, Allen J. 2005. The entrepreneur’s business model: Toward a unified perspective. Journal of Business Research, 58（6）: 726-735.

Mullins J W, Komisar R. 2009. Getting to plan B: Breaking through to a better business model. Journal of Commercial biotechnology: 185-187.

Osterwalder A. 2004. The Business Model Ontology—A Proposition in a Design Science Approach .

Lausanne: University of Lausanne.

Osterwalder A, Pigneur Y. 2010. Business Model Generation: A Handbook for Visionaries, Game Changers, and Challengers. Hoboken, New Jersey: John Wiley& Sons.

Osterwalder A, Pigneur Y, Tucci C L. 2005. Clarifying business models: Origins, present, future of the concept communications for the Association for Information Systems. Communications of the Association for Information Systems, 15: 1-25.

Petrovic O, Kittl C, Teksten R D. 2001. Developing business models for E-business. SSRN Electronic Journal: 92-115.

Prahalad C K, Hamel G. 1993. The core competence of the corporation. Harvard Business Review, 68（3）: 275-292.

Rappa M A. 2004. The utility business model and the future of computing services. IBM Systems Journal, 43（1）: 32-42.

Rich B. 2011. Science and innovation-based trends in the U. S . 36th Annual AAAS Forum on Science and Technology Policy.

Richard H C. 2002. The Role of the Business Model in Capturing Valuefrom Innovation: Evidence form Xerox Corporation's Technology Spin-off Companies. Industrial&Corporation Change, 11(3): 30-32.

Sabir M S, Hameed R M, Rehman K U. 2012. Theoretical foundation of business model and their building blocks. Journal of Management Research, 4（4）: 87-96.

Sawada Z. 2001. Introduction: How should we think about "Being A-bombed" now? From the perspective of the sociology of war-experience. Journal of Biological Chemistry: 3-4.

Shafer S, Smith H, Linder J. 2005. The power of business models. Business Horizons, 48（3）: 199-207.

Sinha G. 2007. Business model innovation for entrepreneurial success . Silicon India, 10（9）: 44-45.

Stähler, Patrick. 2002. Business models as an unit of analysis for strategizing. International Workshop on Business Models.

Tapscott D. 1999. Creating Value in the Network Economy. Boston: Harvard Business School Press.

Tapscott D. 2000. Digital Capital: Harnessing the Power of Business Webs. Boston: Harvard Business School Press.

Timmers P. 1998. Business models for electronic markets . Electronic Markets, 8（2）: 172-194.

Voelpel S C, Leibold M, Tekie E B. 2004. The wheel of business model reinvention: How to reshape your business model to leapfrog competitors. Journal of Change Management, 4（3）: 259-276.

Weill P, Malone T W, D'Urso V T, et al. 2005. Do some business models perform better than others? A study of the 1000 largest U.S firms. MIT Sloan School of Management.

Weill P, Vitale M R. 2001. Place to Space: Migrating to E-Business Models. Boston: Harvard Business School Press.

Zott C, Amit R. 2008. The fit between product market strategy and business model: implications for firm performance. Strategic Management Journal, 29（1）: 1-26.